IFAがやさしく教える
豊かで幸せな老後を築くための

40代からの「逆算型資産運用」の教科書

山田勝己
CSアセット株式会社代表取締役会長

［監修］作本 覚
IRアドバイザー

CROSSMEDIA PUBLISHING

はじめに

「資産運用」「資産形成」という言葉が一般化し、実際にネット証券などを利用して資産運用を実践している人が、年々増加しています。しかし私たちが実際に話を聞いてみると、うまくいっている人ばかりではありません。

投資を始めたばかりの初心者であれば、うまくいかないのも仕方ありませんが、**すでに5年、10年と長年の間投資をしている人でも、多くの方が満足できる成果を出せていないというのが実情**です。

　もしかすると、「今はうまくいっていなくても、経験を積むうちに投資の技術が上がれば、いつかは成功できるはずだ」と考えているかもしれません。しかし、投資の世界はそんな簡単な話ではありません。

　これはスポーツでも同じです。たとえば、長年ゴルフをやっていても、一向に上達しない人もいます。それはなぜかといえば、**基本を理解していないまま悪いフォームで練習を続けているから**です。

　いくら何十年ゴルフを続けても、その状態では上達しません。たまにうまくいっていいスコアで回れることもありますが、再現性が低く、偶然の結果でしかありません。**投**

資でもスポーツでも、正しいやり方を学んでいなければ、安定して成果を出すことはできないのです。

　もちろん、練習を繰り返すことによって多少は上達するかもしれませんが、正しい理論、基本を身につけている場合と比べ遠回りです。

　つまり**資産形成において大切なことは、最初に正しい方法を教わり、学ぶこと**。そして、**自分のゴールから逆算して必要な手法を実践していくこと**なのです。

　こんな人がいました。仮にAさんとしましょう。

　Aさんは52歳でしたが、「そろそろ資産運用をしたほうがいいのではないか」と考え、銀行へ相談に行きました。そこで勧められたのが、投資信託でした。銀行の担当者がライフプランシミュレーションツールを使い、Aさんの生涯の収支を計算したところ、老後を安心して暮らすには運用利回り４％が必要との結果が出たそうです。

　続けて担当者は、過去のデータから４％のパフォーマンスが出ている商品をAさんにずらっと提示し、「どの商品がいいですか？」と尋ねました。しかしAさんは資産運用初心者ですから、何を基準に選べばよいかわかりません。結局、担当者に勧められた商品を買うことにしました。Aさんが選んだのは、世界の株式に投資する「グローバル株式型ファンド」でした。

　その後に金融ショックが起きて世界同時株安となり、A

さんの資産は大きく目減りしてしまいます。銀行の担当者からは何のアドバイスもなく、Aさんが不安になって担当者に電話してみると、「このまま様子を見ましょう」との回答でした。

　なぜこういった結果になってしまったのか。それは、**銀行の担当者自身もどうすればいいかわからない**という事情があったためです。これについては、本書で詳述しましょう。

　仮にAさんが証券会社に相談していたら、どうなっていたでしょうか。たいていの場合、証券会社の担当者は、「この商品はダメだから、損切りして別のものを買いましょう」と勧める傾向があるように感じます。その理由は、「下がったら損切りをさせて、新しい商品に乗り換えてもらい販売手数料を稼ぐ」ことで会社の収益を上げるのが、多くの証券会社のやり方だからです。

　基本的に、**彼らは「金融商品のプロ」ではありません。「金融商品販売のプロ」なのです。**

　市場がよければ、いつ誰が何を買ってもうまくいくものです。しかし実際の運用では、市場の状況がいいときもあれば悪いときもあるものです。**「下がった投資信託をそのまま保有し続ける」「損切りして乗り換える」というだけでは、資産を増やすことはできません。**たまたまうまくいく場合もありますが、それはあくまで結果論です。

銀行にしても証券会社にしても、お客さまには儲けてもらいたいと考えています。そして基本的には、お客さまの運用残高を増やしたいと考えています。しかし彼らが目指しているのは、それ以上に自社の安定した収益です。

投資信託でもラップ口座（証券会社に資産運用を一任できるサービス）でも同じですが、お客さまから預かる資産の残高が増えれば、残高に応じた報酬である信託報酬等の販売会社分を受け取ることができますし、お客さまが売買をしなくても、残高に対して定期的に一定率の収益が得られるのです。

とくに最近は、大手証券にしても、準大手証券にしても、「株式などの回転売買ではなくお客さまのため」と称して投信やラップ口座などの金融商品を勧め、残高を集めようとしています。しかしその実態は手数料が高く、信託報酬も高い投資信託を中心に販売して、自社の安定した収益を増やそうという意図があるように感じます。

一方、銀行が証券会社と違うのは、**銀行のお客さまの多くが、価格変動のある商品に慣れていない**という点があると思います。そして彼らが勧める商品は、銀行グループの運用会社商品でかつ毎月分配など、見た目の分配金が大きい投資信託などが中心になる場合が多いように感じます。加えて、銀行員自体も変動商品の販売に慣れていないため、他の金融商品に乗り換えたほうがいい場合でも結果として、「相場が下がっても、ずっと持っておきましょう」という

アドバイスになってしまうことが多くなるのです。

　資産を増やすために本当に大事なのは、将来に必要な資産額を見極めて、そこから逆算して資産運用の方法を考え、今、何をすべきかを考えることです。
　その意味では、ネット証券で失敗している人も多く見られます。「営業担当者からの売り込みがなく、自分で判断できるので安心だ」と考えるかもしれませんが、初心者が誰からもアドバイスを受けず、成果を出すことができるでしょうか。
　ネット証券を利用する多くの人は、ネットやSNSの「売れ筋ランキング」や「値上がりランキング」といった情報や、YouTubeのインフルエンサーのコンテンツなどを見て、買う銘柄や金融商品を決める人も多いと聞きます。しかし、**どんなに売れている商品でも、その商品が自分に合っていなければ意味がありません。**そうしたランキングでは、万人が買っている商品が上位に出てくるわけです。「この商品を買えば成功できる」というものではありません。逆にそういった情報で購入している人が儲かっているのであれば、みんながもっと儲かっているはずですが、実際にはそうはなっていないように感じます。
　知識や経験のない人は、「みんなが買っているから安心」と考えてしまいがちです。値上がりしている商品にしても、たまたまそのときにパフォーマンスがよかっただけのこと

図1　IFAとは？

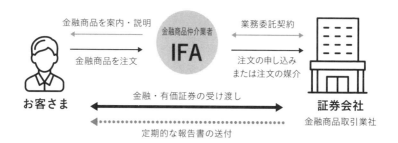

で、それがこの先も続く保証はないのです。

　こうして考えてみると基本的に、**多くの個人投資家が資産運用を実践する際のパートナーとして選ぶべき相手は、既存の金融機関でない**ということになります。ネット証券でお取引できるのは、それなりの知識がある層だと思います。残念ながらこれが現実で、結果として多くの投資家が資産運用で成功できていないというわけです。

　前述のように、**人生のゴールから逆算して、今どんな資産運用をすべきかをアドバイスできるのが、IFA**（Independent Financial Advisor/独立系ファイナンシャル・アドバイザー）です。

　IFAは、銀行や証券会社などの金融機関に所属していません。「金融商品仲介業者」として証券会社と業務委託契約を結び、独立系のアドバイザーとしてお客さまにアドバ

イスをします（図1）。**お客さま一人ひとりと向き合い、お客さまの人生のゴールを見定め、実現するために必要な資金を導き出し、その資金を準備するために、どんな資産運用をすればいいかを提案する**のです。

　銀行や証券会社は営利企業ですから、担当者はお客さまのゴールよりも会社の収益を第一に考えています。会社から課せられたノルマをクリアしなければ、会社の業績や自分の給与に影響するからです。

　一方でIFAは、提携先の証券会社から「お勧め商品」を指示されたり、ノルマを課されたりすることはありません。また、IFAは銀行や証券会社のように数多くの店舗や広大なオフィス、膨大なシステム費、ミドル・バックオフィスなどの販売管理費はさほどかかりません。多くの金融機関のような莫大なコストはかからず、運営コストが低いため、「顧客のために」アドバイスを行なうことができるのです。

　つまり**金融機関の営業担当者は会社のための「セル・サイド・アドバイザー」**であり、**IFAはお客さまのための「バイ・サイド・アドバイザー」**といえるのです。

　金融先進国の米国では、「持つべき良き友は医者・弁護士・FP（Finacil Planner／ファイナンシャル・プランナー）」ともいわれています。しかしFPは資産設計をすることはできても、具体的にどんな投資をすればいいかのアドバイスや、金融商品の購入サポートを行なうことはできません。一方IFAなら、FPがするようなライフプランニン

グだけでなく、金融商品の購入サポート、運用のフォローアップまで対応が可能なのです。

　今、資産運用を検討されている人は、金融機関に相談してアドバイスを受けながら、徐々に正しい方法を学んでいこうと考えるかもしれません。けれど先に述べたように、実際にやってみても営業担当者に踊らされ、お勧め商品を買わされ、損してしまうリスクが大きいといえます。

　このパターンに陥ってしまうと、資産運用の経験を重ねてもお客さま自身の運用能力は上がらず、運用技術がまったく身につかないことになってしまいます。

　つまり、入り口の段階で信頼できる人に運用の基本的な考え方、知識などをアドバイスしてもらうことがとても重要といえます。多くの人に正しい資産運用の知識を身につけてほしいという思いから、私は本書の執筆を決意しました。

　本書をお読みの中には、50代の人もいれば、70代の人もいるでしょう。当社には、50代以上で相談に来られる方も多く、私たちは資産運用を始めるのは学び直しも含め、50代でも60代でも70代でも遅くないと考えています。最近は「人生100年時代」と言われ、80代以上の人口が増えています（図２）。仮に現在60歳だとしても、20年以上の時間があるわけです。

図2　60歳の人のうち各年齢まで生存する人の割合の推移

	1995年推計	2015年推計
80歳	67.7%	78.1%
85歳	50.0%	64.9%
90歳	30.6%	46.4%
95歳	14.1%	25.3%
100歳	—	8.8%

(注)割合は、推計時点の60歳の人口と推計による将来人口との比較。
　1995年推計では、100歳のみの将来人口は発表されていない
出典：国立社会保障・人口問題研究所「将来人口推計」(中位推計)より、金融庁作成

　いわば、**資産運用の必要性に気づいた時点が出発点**。本書を通じて正しい手法を学び、これから資産運用を始める人も、すでに始めたけれど目立った結果が出ない人も、本書を活用して希望する人生のゴールを目指していただきたいと思います。

CONTENTS

第 1 章
＼IFAに聞いてみた！／
資産運用の基本を理解する

第 2 章

＼IFAと始めよう!／

「逆算型資産運用」の戦略を実践する

第 **3** 章

＼ IFAが教える！／

資産運用の実例に学ぶ

執筆協力　　向山勇
DTP・図版作成　明昌堂
編集協力　　ブランクエスト

第 1 章

＼IFAに聞いてみた!／
資産運用の基本を理解する

最近、やたら「資産運用が大事」とは
聞きますが、正直、よくわからないん
ですよね……

そのような方はとてもたくさんいらっ
しゃいます。まずは14のSTEPを通して、
資産運用がなぜ必要なのか、資産運用
しないとどうなるのか、しっかり考え
ていきましょう

STEP 1

「老後の必要資金」の
概念を正しく知ろう

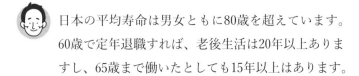

日本の平均寿命は男女ともに80歳を超えています。60歳で定年退職すれば、老後生活は20年以上ありますし、65歳まで働いたとしても15年以上はあります。

「人生100年時代」と考えると、80歳を超えて100歳近くまで生きる可能性も、考えたほうがいいですよね……。

その期間を公的年金だけで暮らすのはほぼ不可能でしょう。**自分でどれくらい資産を確保しておくかで、老後を豊かに暮らせるかどうかが決まります。**

80代になってからアルバイトをして暮らすのも大変でしょうから、**ゆとりある老後生活を実現するには、資産運用が必要**なのです。

何年か前に、老後資金2000万円問題が話題になりましたけど、2,000万円あれば老後は大丈夫ということですか？

人それぞれ事情があるので、一概にそうとはいえません。老後資金2000万円問題は、2019年に明らかになった金融庁の金融審議会「市場ワーキング・グループ」の報告書において、「老後30年間で約2,000万円が不足する」という試算が示されて、話題になったものです。単純な計算によるもので、あくまで目安と考えればいいと思います。

「老後2000万円問題」とは 何だったのか

2,000万円というのは、どうやって計算したのでしょう？

「家計調査年報」に無職高齢夫婦の平均的な収支が掲載されていますが、それによると、無職高齢夫婦世帯の実収入は毎月約20万9,000円で、実支出は約26万3,000円となっています。つまり月5万4,000円の赤字になっている計算です。

仮に、老後生活の期間が30年とすると……？

5万4,000円が30年分で、約2,000万円が不足する可

能性があるとされたわけです。これは平均にすぎませんから、実際に必要な老後資金は、人によって異なります。

 この金額が自分に合っているかどうかは、ちょっとわかりませんね……。

 その通りです。人によって受け取れる年金額は異なりますし、どんな老後生活を送りたいかによっ

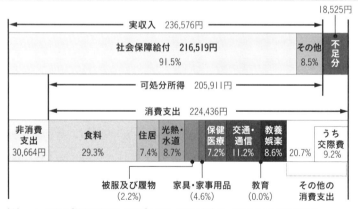

図3　65歳以上の夫婦のみの無職世帯
（夫婦高齢者無職世帯）の会計収支（2021年）

（注）　1　図中の「社会保障給付」及び「その他」の割合（％）は、実収入に占める割合である。
　　　　2　図中の「食料」から「その他の消費支出」までの割合（％）は、消費支出に占める割合である。
　　　　3　図中の「消費支出」のうち、他の世帯への贈答品やサービスの支出は、
　　　　　　「その他の消費支出」の「うち交際費」に含まれている。
　　　　4　図中の「不足分」とは、「実収入」から「消費支出」及び「費消費支出」を差し引いた額である。

出典：家計調査年報（家計収支編）2021年

て支出も変わります。まずはご自身の老後ライフプランを考えてみることが大切です。

ちなみに2021年の家計調査年報では、不足額は月1万9,000円程度になっていますから、状況によっても変わるということになります。

ライフプランを考える効果とは

ライフプランを考えると、何がわかるのですか？

ライフプランを考えますと、そのプランを実現するために、どのくらいの老後資金がかかるか判断できます。そして、**年金などでどのくらいの収入が得られるかがわかります。**

それを差し引きしてマイナスになる分を、手持ち資産で賄えるかどうか。難しいようなら、**支出を減らすか何らかの収入を得るといった対策が必要**になります。

POINT! **必要な老後資金を見極めるためには、ライフプランが必須となる**

資産運用が必要かどうかを
判断しよう

 ライフプランを作ってみたいのですが、生涯の収支がマイナスにならなければ、老後は心配ないのでしょうか？

 生涯の収支がプラスになるなら、あえてリスクをとって資産運用をする必要と考えるかもしれません。会社員であれば退職金が受け取れますし、そこに年金が加わることで資産運用の必要性が低くなる人もいますね。しかし将来的なインフレリスクなどを考えますと、まったく資産運用が必要ないということはありません。

 まずは、自分の状況を確認する必要があるのですね。

 最近はSNSなどで簡単に情報が入手できるので、それを鵜呑みにして不安になり、老後資金が足りないと心配をする人が多いようです。

　しかし、足りないかどうかは人によって違いま

す。仮に足りないとしても、500万円足りない場合と、1,000万円足りない場合では、対処法が変わります。

どんな老後生活を送りたいか、まずはゴールを決めて、そのうえで資金が足りるかどうかを確認するのが第一ステップになります。

勤務先や家族構成で年金額は大きく異なる

 どのくらい必要かは人によって変わるのですね。

 そうですね。私たちは数多くのお客さまのライフプランシミュレーションをお手伝いさせていただいていますが、年金の受給額も人によってバラバラです。

大企業の社員であれば、企業年金の上乗せが大きい場合もありますし、共働きかどうかによっても夫婦で受け取る年金額は大きく変わります。

 日本の人口はどんどん減るといわれていますから、年金もあてにしないほうがいいのでしょうか？

図4　高齢者1人を支える現役世代（生産年齢人口）の人数

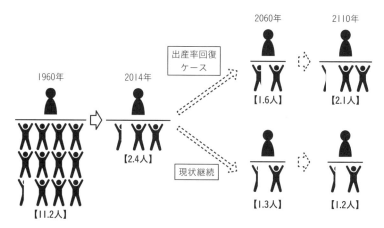

出典：内閣府

　ご存じの通り**公的年金は、自分の支払った保険料が積み立てられているわけではありません。**

今の高齢者の年金は、今の現役世代が支払った保険料で賄われています。そう考えると、人口が減って現役世代の数が少なくなれば、高齢者の年金を支える人が減ってしまうわけですから、**公的年金の受取額は将来さらに厳しくなる可能性はありますね。**

　そう考えていくと、目的にもよると思いますが、自分で何とかする方法を考え備えておくべきなの

でしょうか……。

 多くの人は、老後のことを考えると不安になるので後回しにしてしまいがちですが、それでは不安を解消することはできません。いつまでも漠然とした不安を抱えながら、残りの人生を過ごさなくてはならなくなります。

　どんな老後を過ごしたいのかをしっかり考えてゴールを設定する。そして、**そのゴールを実現するためのマネープランを立てることが大事**なのです。

POINT! **ゴールから逆算してマネープランを立てることが重要**

STEP 3

「一家の誕生日」を
決めてみよう

 マネープランを立てるのは、けっこう難しそうだし、大変そうですね……。

 難しく考える必要はありません。私たちがお勧めしているのは、**「一家の誕生日」**を決めることです。1年のうちで「一家＝家族」の「誕生日」を決めて、その日を毎年の資産チェックの日にするのです。仮に「1月1日が家族の誕生日」と決めたら、1月1日に資産の状況を確認して、1年前と比較する、といった具合です。

 そうすると、どんな効果があるのでしょう？

 たとえば、投資を始めて1年が経ったとします。家族の誕生日を迎えたので、去年の誕生日に確認した資産と、どのくらい差があるのかを確認するのです。すると、「今回は日本株投信が増えたね」とか「コロナから回復して資産全体が増えた」といったように、ご自身の資産の状況が把握できます。

なるほど、ゴールにどれだけ近づいたかがわかるわけですね。

 そうです。**これは資産運用だけでなく、相続対策にも有効**です。日本人の資産の多くは、不動産が占めています。都心に自宅があるだけでも相続税がかかる時代ですからね。

「家族の誕生日」資産チェックは相続対策にも有効

 相続税のことは、ネットで見たことがあります。

  不動産の価格が上がると相続税も増えるので、今の価値がどれくらいかは、定期的にチェックしておいたほうがいいですね。いざというときに、相続税で資産が大きく目減りしてしまうこともあります。ですから、一家の誕生日に保有している不動産の価値も確認しておくといいですね。

 私の両親に相続が発生するのはまだ先だと思っていますが、相続税はちょっと気になりますね……。

ちなみに将来、どれくらい退職金が受け取れるか把握されていますか？

 先輩の話をときどき聞くことはありますが、自分自身のことはわかりません。

 会社員の場合は、退職金が大きな収入となって老後資金の支えになります。**どれくらい退職金を受け取れるかは規定で決まっていますから、一度、確認したほうがいい**ですね。

 POINT! **1年に1回は「家族の誕生日」に資産状況を確認しよう**

STEP 4

「ほぼ預金」のリスクを
理解しよう

 資産運用にはリスクがあり、損をしてお金が減る可能性があると聞くので、漠然と投資は怖い預金のほうが安全だという印象があるのですが……。

 昔は、金利が高い時代もあって、預金しているだけで資産が増えていきました。なかには元本保証で年利8％の商品もあったのです。

 預けておくだけで、10年ぐらいで手元資金が2倍になるわけですか。

 ところが今は、**元本保証の商品で金利が得られるものはありません**。たとえば、メガバンクの定期預金の金利は、年0.002％程度※です。この金利で資金を2倍にするにはどのくらいかかると思いますか？

※2023年8月現在

 うーん、100年くらいでしょうか……？

図5　金利の推移

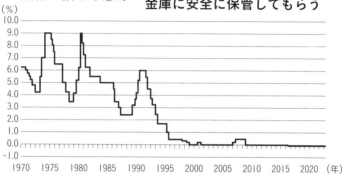

銀行に預ける意味＝現在の金利は、ほぼゼロ
金庫に安全に保管してもらう

(出所)日本銀行
(注)1995年6月までは公定歩合(基準貸付利率)、それ以降は無担保コールO/N物レートの月中平均金利
出典：金融庁

 実は、３万6000年もかかるのです。つまり、**銀行預金などをはじめとした元本保証の商品で資産を増やすことは極めて難しい**のです。

 でも、投資して資産が減ってしまうよりもいいような気がしますが……。

 たしかにそういう考え方もあります。ただし問題は、**預金にもリスクがある**ということです。

モノの値段が上がると 預金の価値は下がる

 預金にリスクがあるのですか？

 そうです。最近はとくにインフレでモノの値段が上がっていますよね。生活が苦しくなったと感じることはありませんか？

 そうなんです。電気代もそうですし、スーパーマーケットに行くたびに食品の値段が上がっていて、憂鬱になります。

 そうですよね。たとえば、銀行預金に100万円を預けておいたとして、今年は100万円分の商品が購入できます。しかし、来年になったときモノの値段が平均で5％上がっていたらどうでしょう。100万円で購入できたものが105万円になってしまいます。それでも銀行の預金残高は100万円のままです。これはどういうことだと思いますか？

 それは、お金の価値が減ってしまったということですか？

その通りです。今のように、どんどんモノの値段が上がっていく状態をインフレといいますが、インフレ時代には現金の価値はどんどん目減りしていきます。**資産運用をせずに銀行預金に預けておくこと自体がリスクの一つになっている**のです。これは冒頭でも申しましたが、**資産運用をしなくてもいい人はいない**、という話になります。

今までは資産運用をしなくても大丈夫だった人が、これからはそうはいかないということですか?

そうです。日本では長い間、デフレが続いてきました。デフレではモノの価値がどんどん下がります。今年100万円だった商品は来年になると95万円に値下がりしているかもしれません。これはつまり……。

お金の価値が上がっている?

そうです。自然とお金の価値が上がっていったので、預金自体も資産運用の一つだったわけです。

 インフレになると現金や預金の資産価値は目減りする

STEP 5

「なぜ老後が不安なのか」を
見つめよう

 それでは、デフレのほうがよかったのですね。

 それは難しい問題ですね。デフレでモノの値段が下がっていくということは、企業の利益も減っていきます。ということは……。

 給料が上がらない？

 その通りです。デフレとインフレのどちらがいいかは、実はとても難しい問題なのですが、**インフレがしばらく続く可能性が高い今は、預金以外の資産運用でお金を増やしていくことが重要**です。

どんなにお金があっても、
不安は尽きない？

 実は、お金持ちでも不安を抱えている人は少なくありません。

お金持ちなら、お金の心配はないと思いますが……。

 人間の心理として、どんなにお金があっても不安になることはあるのです。

　たとえば、3億円の資産がある人は、老後に毎月50万円、年間600万円を取り崩していったとしても50年間は資産が底をつくことはありません。ところが本人は、資産残高が減っていくと不安で仕方がない。結果、自由にお金が使えなくなる、使えないお金を持ったままという心理に陥ります。結果、たくさんのお金を持ったままお亡くなりになる高齢者も多いと聞きます。これは幸せな老後とはいえないと思うのです。

 そんなことがあるのですね。

 老後生活に入ると、収入がなくなりますから、資産が減るのは怖いのです。であれば、**資産を運用して、取り崩しても減らないようにする方法を考えます**。

　たとえば3億円の資産があるなら、年2%のリターンを目指して毎年600万円の運用収入を目指す投資を始められます。預金だけで2%のリターンを目指すのは難しいのですが、資産運用であれば、ある程度低いリスクで2%のリターンを目指すことが可能です。

80代でも資産運用は必要

 毎年、運用収入を使っていくだけなので、元本は減らないのですね。

 そう考えると、どんなに資産があっても運用は必要だといえます。80代の人でも、さらに20年、30年長生きする可能性もあります。

　90代になってから「資産が底をつきそうだ」と心配するようでは、安心して暮らせません。大きく増やす必要はないかもしれませんが、毎年、取り崩す金額程度のリターンが得られれば安心ですね。

 そうですね。

 資産運用というと、1本釣りのイメージを抱く人も多いと思います。たとえば「手元に1,000万円あるから、どの銘柄を買えばいいか」と考えるわけです。そうではなく、1,000万円というパイを分けて、さまざまな資産を保有します。仮に株式と債券に分けた場合、通常は債券が下がっているときには株式が上がり、株式が下がっているときには

図6 分散投資の例

資産（銘柄）の分散

外国債券
国内債券　外国株式
海外リート
国内株式　国内リート

特性の異なる複数の
資産を組み合わせる

地域の分散

複数の地域や通貨を
組み合わせる

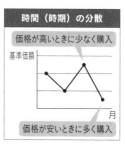

時間（時期）の分散

価格が高いときに少なく購入

基準価額

月

価格が安いときに多く購入

債券が上がって、トータルで資産が増えていくの
が本来の資産運用です。これを**分散投資**といいます。

なるほど！

１本釣りで商品を持っていると、仕事中もずっと
値動きが気になって、本末転倒の状態になります。
これはギャンブルに近いですよね。**資産運用、と
くに株式はギャンブルだと思っている人が多いの
ですが、本来、そんなことはない**のです。

POINT!　**運用してお金を増やすことで、
不安を解消する**

STEP 6

資産運用の「本当の意味」を知ろう

 実は私も、資産運用に対してギャンブルに近いイメージを持っていました。

 資産運用の基本は、経済成長を資産に取り込むことです。「経済成長とは何か」を個人レベルまで分解して説明しますと、まず、通常は社会人になると、新入社員として会社に入社します。そして年次を重ねると、徐々にお給料が増えていきますよね。初任給20万円だったとしても、40歳になったときには40万円になって、役員になれば年収1,000万円を超えているかもしれません。これは個々人の経済成長といえます。

資産運用で
企業の成長を取り込む

 なるほど、個人も経済成長しているということですね。

仰る通りです。これは個人の仕事を経済に見立てて考えた成長の話ですが、企業単位で考えれば企業も経済成長しています。

たとえば、三菱商事は日本を代表する企業の一つですが、日本中から集まった優秀な人材が一生懸命働いて、三菱商事という会社を成長させています。三菱商事の社員であれば、給料が増えることで個人の経済成長にもつながりますが、誰もがその企業に就職できるわけではありません。

それでは、社員でなければどうすればいいのか——三菱商事の株式に投資することで、その企業の成長を享受することができるのです。

そんな考え方もあるのですね。

「株式を保有するということは、株式投資を通じて自分に代わって働いてくれている」という考え方ですね。そうして株式投資することで、企業の成長性に応じて配当や差益という形で収益を受け取ることができるのです。**日本を代表する大企業や、成長性の高い企業への投資により、それらの企業を応援することに加え成長を一緒に享受できる**のです。しかもこれは、**少額から始めることができます**。

個人の給料が増える金額は限度がありますけど、企業の成長に与ることができれば資産を大きく増やすことができそうですね。

 個人の成長は、自分が頑張った分が受け取れるわけですが、企業の成長は、その企業で働いている人が頑張った分も受け取ることができるのです。この考え方は、決してギャンブルではありません。

 たしかに！

 100年に1度といわれたリーマンショックのようなことがあれば、一時的に株価が下落して評価損になることもあります。ですが、企業は危機を乗り越え新たなビジネスを模索しながら、再び成長していきます。これにともなって株価も回復していきます。

自分の努力だけでは限界がありますが、**企業の経済成長を取り入れて、自分の資産を増やしていくのが、資産運用の基本的な考え方**なのです。

なぜ多くの人が
投資で失敗するのか？

でも、リーマンショックなどで倒産してしまう会社もありますよね……。

そうです。一つの企業が成長するかどうかを正しく判断するのはプロでも難しいことで、だから株であれば**複数の企業に分散して投資する**のです。

だんだん、投資をしてみたくなってきました。

実際、若い世代には投資を始める人が増えています。ネット証券の口座数はどんどん増えていますし、SNSで投資について情報交換する人も増えています。

「億り人」や「FIRE」という言葉をよく見聞きします。

投資で成功して億り人になったり、FIREしたりする人などは、話題になっていますね。ただ、これはごく一部の成功した人がクローズアップされて

いるだけの話です。多くの人はそういった人の手法を真似たりして投資を始めてみるものの、うまく成果が出せなかったり、逆に損をしたりしている人も多いのが実情です。

それはどうしてですか？

資産運用は、独学で勉強してもなかなかうまくいきません。ネットやYouTubeなどに情報は溢れていますが、何が正しくて何が間違っているかが判断できません。また正しい情報でも、それが自分に合った手法なのかもわかりません。一発逆転を狙って大きなリスクをとる人も多いのですが、いきなり資産を10倍、20倍にするようなことは、たとえプロでも難しいと思います。

> **POINT!** 独学だけで資産運用を学び、成功するのは難しい

STEP 7

誰に資産運用の相談を
するか考えよう

 そうは言われても、どうやって勉強したらいいか わからなくて……。金融機関に相談しようと考え たこともありますが……。

 それはどうでしょうか？　資産運用を始められる 人のなかには、銀行や証券会社に相談すれば安心 だと考える人もいます。しかし、**金融機関の社員 だからといっても、資産運用の知識を身につけて いるとは限らない**ことは先ほどお話しした通りで、 注意が必要です。

　彼らは営利企業である以上、やはり売上の目標 が設定されています。簡単にいえば、手数料が彼 らの売上となりますが、この目標を達成するのは なかなか大変なのです。

 営業のノルマがあるということでしょうか？

 最近はノルマを課している会社はないようですが、 銀行や証券会社は大きな本社ビルや駅前の立地の

いい店舗を保有し、そしてたくさんの従業員を雇っていますから、莫大な経費がかかります。それを上回る収益を稼がなければいけないという実態があります。

　支店長にしてみれば、稼ぎが悪いと店舗での収益が赤字になってしまいます。そうなれば支店長の評価は下がり、出世にも影響を及ぼします。金融機関としても最悪、その店舗を閉店しなければならなくなってしまいます。最低でも支店の収支を黒字にすることが重要で、その結果どんどんお客さまに商品を売って手数料を稼ごうと思う支店長や営業担当者もいるかもしれません。

金融機関は、自社の利益を優先する

なんだか、銀行や証券会社で金融商品を購入するのが怖くなってきました……。

金融機関が金融商品を販売するにあたって、効率的に売るためにはどんな方法がいいと思いますか。

わかりません。それはどんな方法なのですか？

それは、金融機関でいくつか決まったお勧め商品を販売することです。たとえば、「今月はこの商品がお勧めです」といくつか商品を決めて、みんなでその商品を販売する※。すると、お勧め商品の内容だけ理解しておけば、誰でも販売できます。

これには、個々の営業担当者がいろいろな商品を販売してしまうと、相場が急変した場合などに会社として対応ができず、お客さまを十分にケアできなくなってしまうので、それを防ぐという狙いもあります。また、お客さまからクレームが来たときにも、対応が難しくなってしまいます。お勧め商品を決めて販売すれば、クレームが来たとしても本部でマニュアル化することで対応しやすいので、みんなで「新規設定の投資信託」のような決まった商品を売る場合が多くなります。

※投資信託の場合、商品の性質上大量推奨販売に抵触する可能性は低いと考えられるため、いくつかの推奨投資信託を積極的に勧誘、販売する場合が見られます。

つまり、誰にでも同じ商品を売るということでしょうか?

本来は、お客さまの資産状況や運用の目的、リスク許容度などに合わせて提案をさせていただくのがあるべき姿なのですが、残念ながらそうはなっ

ていない場合も多いと思います。

とくに、新しい投資信託などが発売されたときには、金融機関はその商品を集中的に売ったりする場合もあります。

金融機関は顧客の状況を
考えていない？

販売したい投信などが決まっているわけですね。

その場合、お客さまの資産状況など関係なく、勧誘していきます。もちろん、金融商品販売法によって、商品を売っていいお客さまとそうでないお客さまが定められていますので、販売に適さないお客さまに売り込むことはできません。これを**「適合性の原則」**と呼びます（詳しくは2章STEP24参照）。

それをクリアするために、投資一任勘定やラップなど商品をパッケージ化して、お客さまのタイプ（リスク許容度）に応じたお勧めパッケージ商品を販売します。

銀行や証券会社とIFAは、どう違うのですか？

銀行や証券会社が行っているのは金融商品の「セールス」、IFAが提供しているのは資産運用の「サービス」と考えていただくと理解しやすいかもしれません。IFAについては、STEP14で詳しくお話ししましょう。

POINT! **金融機関では自分に合った運用の
アドバイスは受けられない**

資産運用のメリットを
正しく把握しよう・その1

 銀行や証券会社に相談したことで、資産運用に失敗する人もいるのでしょうか。

 先ほども少し触れましたが、**新しい投資信託が発売されたために、金融機関が販売したい投資信託を購入している人は意外と多い**かもしれません。

　金融機関はそのたびに手数料が得られますが、お客さまにとってそれがいい商品かどうかはわかりません。また、本来持っていたほうがいいような商品なのに、他の商品への乗り換えを勧められる場合もあると思います。それに、銀行や証券会社の担当者は3～5年くらいで異動になりますので、担当者が替わるたび、一から関係性を作り直すことになります。

　担当者が替わりますと、新しい商品への乗り換えを勧められる場合もあるようですから、言われるままに買っていたら大変なことになります。

 でも、もちろん断ってもいいのでしょう？

もちろんです。ただ、投資の知識の問題で、**お客さまとしては何がいいかわかっていない、という状態ですから、断るにもその判断ができず、勧められるままに買ってしまうことも多い**ようです。

 やはり、正しい知識を身につけないといけないのですね。

金融機関の担当者は、
ストーリーで売る

 銀行や証券会社の担当者は、販売するためのストーリーをつくり、それに沿って勧誘します。たとえば、新しい担当者に替わったとしましょう。営業をする前に、お客さまのポートフォリオ（資産配分）を見ます。お客さまは複数の商品を持っていますから、儲かっているものを探します。

　実際、儲かっている商品のほうが売却しやすくなります。評価損のある商品を売却すると、損失が確定してしまうため、抵抗がありますから、営業担当者は利益が出ている商品を売却して乗り換えを勧めようと考えたとします。

そのように勧められても、客として納得できるとは思えませんが……。

もちろんお客さまの納得感が重要ですから、納得していただくために、最近の話題も盛り込みます。たとえば、日本株の投資信託を売りたいと考えているのであれば、GAFAMの株価が低迷している場合やシリコンバレーバンクの破綻の話題などを持ち出して、米国やグローバル経済が低迷していることなどを説明します。

それに対して、日本の企業は業績が好調であるにもかかわらず、株価は安いまま放置されているといったストーリーをつくり、日本株のファンドへの乗り換えを提案したりします。

セールストークということでしょうか？

そうです。銀行の窓口の人にとって、投資信託の販売の仕事は全体の数％程度だと思います。他に銀行でやるべき仕事がたくさんあります。つまり、窓口の販売担当者は数多くの銀行業務の中の一つとして投資信託の勧誘、販売をしているということです。**会社が用意した販売用資料に沿って、会社から指示をされたいくつかの商品を販売してい**

るのが現実なのです。

金融機関の担当者は、金融商品の専門知識が豊富だと思っていましたが……。

残念ながら、マニュアルに従って投資信託の説明をしているだけ、という場合も多いと思います。アドバイザーでもコンサルタントでもなく、販売ルールに沿った商品説明要員といえるかもしれません。

　仮にお客さまのゴールが、希望する老後生活を実現することであれば、金融機関の担当者は本来、それに合った提案をすべきなのです。しかし、金融機関のゴールは金融商品を販売し手数料を得ることですから、お客さまが望むようなアドバイスは受けられない場合もあると感じます。

新商品はよくないのですか？

すべてがすべてダメだということではないのですが、たとえば、新しい投資信託が発売されたとしましょう。しかし、その商品をつくるには、少なくとも半年から1年以上の時間を要します。つまり、半年から1年前の金融市場をベースに、当時運用成績の良かった市場に投資する商品を開発す

るのです。販売を開始した時点は、すでにその分野の株価は上がってしまっている、もしくはピークアウトしている場合もあります。

そうなると、その投信の値上がりは期待できませんね……。

もちろん、すべてがそうではありません。しかし運用会社は、さまざまなデータを分析、用意していて、銀行や証券会社などの販売会社に提供し、窓口の担当者や営業担当者はそのストーリーをお客さまへ説明します。

　たとえば、インドの株式に投資する投資信託を売りたいと思うなら、インドの人口が中国を抜いて1位になった話題など、成長性のストーリー、つまりセールストークを持ち出します。

それが、先ほど説明された販売ストーリーというわけですね。

金融機関の担当者だからといって、皆が専門知識があるとは限らない

STEP 9

資産運用のメリットを正しく把握しよう・その2

 実際に資産運用をすると、どのくらい資産が増えるのでしょうか?

 過去のデータを利用してシミュレーションしてみましょう。40歳の人が60歳まで20年間積立投資をした場合と、22歳で就職したばかりの人が60歳まで37年11ヶ月積立投資した場合で考えてみます。積立金額はいずれも毎月5万円です。

 かなりの長期ですね。

 長期になるほど、複利の効果も高く、資産運用効果を享受できますからね。早めに始めるのが大事です。

 なるほど。

50

金融危機があっても資産運用でお金は増える

 まず、20年間のケースを見てみましょう。今から20年前といえば、2003年に積立投資を開始していることになります。その後に……。

 リーマンショックですね。

 その通りです。2003年に積立投資を開始して、5年ほどでリーマンショックを経験することになります。その結果、どうなったのか。資産運用をせずに同じ金額を預金に預けていった場合には、リーマンショックの影響を受けることもなく、確実にお金が積み上がっていきます。しかし、金利はほぼゼロなので、20年後でもまったく増えていません。**5万円×12ヶ月×20年で1,200万円**が貯まりました。

 金利がなくても、1,200万円貯まるんですね！

 だからこそ、きちんとお金を積み立てし続けることはとても大事なのです。

一方で、毎月５万円をグローバル株式投信に積立投資（手数料１％、年間信託報酬２％）した場合はどうでしょうか。2008年にリーマンショックで大きくマイナスになっていますが、その後は回復して、20年後にはコストを差し引いても資産額が3,599万円になっています。投資元本は1,200万円ですから、**差し引き2,399万円の資産運用効果があったことになります**。

図７　株式型　グローバル（除日本）の投資信託に毎月50,000円ずつ20年間積立投資を実施した場合（手数料１％、信託報酬２％）

積立額：1,200万円　運用積立額：3,599万円　（積立額の3.0倍）収益：2,399万円
期間：2003/05〜2023/04（20年）積立運用額：2,483万円

出典：楽天証券ファンドコンパスより抜粋

積み立てした金額がほぼ3倍になった計算ですね。

 不運にも、投資を始めた後に100年に１度といわれたリーマンショックに遭遇しましたが、逆に資産運用効果が高くなったということになります。それ以降もリーマンショックほどではありませんが、欧州危機やコロナショックなどさまざまな危機が起きていますので、そのたびにリターンは一時的に落ち込みますが、その後は経済成長とともに順調に回復したことがわかります。

 では、37年11ヶ月前に運用を開始した場合を見てみましょう。

 これも長期ですね。

 大学を卒業してすぐに積立投資を始めて、60歳まで続けると38年になります。今年60歳になる人が入社してすぐに積立投資を開始していた場合、このケースになると思います。

 なるほど。

 現金での積立投資の元本は2,275万円ですが、グ

図8　株式型　グローバル(除日本)の投資信託に毎月5万円ずつ37年11ヶ月間積立投資を実施した場合(手数料1％、信託報酬2％)

積立額：2,275万円　運用積立額：5,274万円　(積立額の2.3倍)　収益：3,599万円
期間：1985/06~2023/04(37年11ヶ月)

- ①：パリバショック
- ②：リーマン破綻
- ③：ドバイショック
- ④：欧州危機
- ⑤：アベノミクス
- ⑥：FRBが量的緩和政策を終了
- ⑦：チャイナショック
- ⑧：Brexit（英国のEU離脱）決定
- ⑨：COVID-19　パンデミック宣言
- ⑩：ロシアによるウクライナ侵攻

出典：楽天証券ファンドコンパスより抜粋

　ローバル株式投信に積立投資（手数料1％、年間信託報酬2％）の場合は、コスト控除後で総資産額は5,274万円になっています。約2.3倍になった計算です。

 20年の積立投資では2.9倍になっていますけど、

期間が短いほうが増えたのですか？

同条件であれば、運用期間が長いほど投資効果は
よくなります。この例では20年間の積み立てで、
開始して5年目という早い段階にリーマンショッ
クがあったため、投資初期に安い水準で投資がで
きたことが要因です。不運にも、リーマンショッ
クという100年に1度の未曽有の暴落に遭いまし
たが、それが長期積立投資にはかえってよかったと
いう話なのです。

　しかし、考えてみればわかることなのですが、
これまで経験したことのないような大暴落時に、
果たして投資などできるでしょうか？　**積立投資
は、上昇時でも下落時でも投資し続けることがで
きます。**それにより最終的に成功することができ
たわけです。

> **POINT!** **運用期間が長ければ、
> 金融危機を乗り越えて資産を増やせる**

STEP 10

「失敗しない資産運用」の ポイントを知ろう

 資産運用で重要なことは、無駄を省いて効率よく、 ゴールに到達することです。たとえば、ゴルフの 練習をするときでも、ゴルフボールをやみくもに 打って、ただ遠くに飛ばすことを練習してもあま り意味はありません。逆に間違った理論、フォー ムで練習し続けることで遠回りしている場合も多 いのです。

　資産運用でいえば、ネットなどの情報でやみく もに高いリターンを狙うのと同じです。ゴルフで は、いかに少ない打数で決められたカップ（ゴー ル）にゴルフボールを入れるかで勝負が決まりま す。

 ゴルフ好きの人が、「いつまで経っても上達しな い」と愚痴っているのを聞いたことがあります。

 それはおそらく、練習の方法が間違っているから ですね。初めはきちんとゴルフスクールに通って 基礎からフォームを作ることが重要なのです。資

産運用も同じで、方法が間違っていれば損失を出して、退場することになります。ゴルフと一緒で、一時的にうまくいっても長続きしないのです。

　たとえば、年2％のリターンが得られればゴールに到達できる人が、年5％のリターンを狙う意味はありません。高いリターンを狙うほどリスクは高まり、損失を出してしまう可能性も高まります。

資産運用の目的は
高いリターンではない

 ゴールが決まっていないと、資産運用は始められないのですね。

 その通りです。多くの人は、ゴールを見ていないために、お金を増やすこと自体が目的になって一攫千金を夢見たりするのです。それは資産運用ではなくギャンブルです。

　資産運用の目的は高いリターンを得ることではなく、ゴールを決めてそれを達成することなのです。資産運用はあくまでも手段にすぎないことを、忘れてはいけません。

私のような投資初心者でも、ゴールを決めて達成することはできるのでしょうか？

 ゴルフのたとえでいえば、最初はスクールに通ってきちんと先生に学ぶことが必要です。力量は一人ひとり違います。だから、力量に合わせたレッスン、練習方法が必要となります。

　資産運用も同じで、お客さまの状況に応じて提案をさせていただくのがIFAの役割です。私たちと一緒に経験を積んでいただくことで、資産運用の知識も身につきますので、決めたゴールに近づくスピードもアップしていきます。

 それが、無駄を省いて効率よくゴールを目指すということなのですね。

 その通りです。**ゴルフも資産運用も、プロのアドバイスを受けながら実績を積むのが、もっとも早くゴールに到達する方法**です。

 そういえば、少し前に仕組債という商品で投資家が損失を出したというニュースを聞いたことがありますが……。

地方銀行やそのグループ証券会社が、仕組債を大量に販売して、お客さまに損失が出ました。仕組債の詳しい説明は省きますが、高い利回りが狙える代わりにリスクが高く、その実態を理解できない人にも販売してしまい、大きな損失を出してしまったのです。

　ゴルフでいえば、初心者が狭いホールでドライバーをぶんぶん振り回して遠くに飛ばそうとして、OB（アウトオブバウンズ：プレーできる区域外にボールが出て発生するペナルティ）を出したようなものです。熟練のキャディー（アドバイザー）がいれば、そんなことにはなりません。

仕組債は
なぜ問題になったのか

仕組債の被害者となった人は、知識がないのに一発で大きく儲けようとしたのでしょうか？

今回の場合は違います。**販売した金融機関に大きな問題があった**のです。

　金融機関は、本来はお客さまの状況に応じてアドバイスをしなければいけない立場です。にもか

かわらず、自分たちの利益を優先して、高い手数料が得られる商品を売ってしまったのですね。

銀行や証券会社が、お客さんを騙すようなことをするのでしょうか。

決して騙したわけではないと思うのですが、販売目標、手数料収益目標が前面に出てしまったものと感じます。**銀行のゴールとお客さまのゴールが違っていた**のですね。

　今回の場合、銀行や証券会社のゴールは、販売額と手数料だったということになります。本来の資産運用ではゴールを達成するために、できるだけリスクを抑えながら高いリターンを確保することを考えます。そのために株式や債券などを組み合わせた最適な資産運用を実施します。**どう資産を配分するかが大事**で、この資産配分のことを**「アセットアロケーション」**と呼びます。

「アセットアロケーション」という言葉は、聞いたことがありますが……。

「資産運用の成果の8割はアセットアロケーションで決まる」といわれるほど、重要な考え方です。

金融機関では、それを考えてくれないのでしょうか？

 銀行や証券会社でそういった投資の基本的な考え方などを教えたという話は、あまり聞いたことがありません。まずは商品販売ありきで、そのためのストーリー営業が多いと感じます。仕組債の例を見る限り、彼らのゴールは商品の販売や手数料だったのではないでしょうか。お客さまのアセットアロケーションを考えていたら、仕組債を大量に販売するような問題は起こらなかったでしょう。

POINT! 資産運用の成果の8割はアセットアロケーションで決まる

STEP 11

年代別の「長期投資戦略」を 理解しよう

 実際にゴールを達成するためには、どんな手順で 考えていくのですか。

 たとえば40歳になった人が積立投資を始めて、60 歳までに3,000万円を貯めたいと考えた場合、毎月 の積立可能額がわかれば、年平均何%で運用しな ければならないかがわかります。

 なるほど。

 このときに必要な利回りが10%とか15%になって しまうと、達成は難しくなります。その場合には ゴールを低くしたり、積立額を増やしたり、相談 しながら調整します。

 でも、損することもあるのですよね……。

 資産運用の過程では、一時的に評価損が発生する こともあります。そのときに、どれくらいの損失

に耐えられるかもお客さまによって異なります。

　たとえば、ゴール達成のために、年平均５％が必要となった場合に、安定的に５％のリターンが得られる商品はありませんから、上がったり下がったりを繰り返しながら、最終的に平均５％のパフォーマンスが期待できる商品を選定します。

「下がったときに売る」のは なぜダメなのか

 下がったときに売りたくなりそうですね……。

 その気持ちはわかりますが、下がったときに売ってしまうと、ゴールが達成できなくなってしまいます。IFAはそういった不安なときに寄り添ってアドバイスしてくれる存在だとお考えください。

　ですから、**資産運用を始める前にどのくらいの損失に耐えられるかを考えて、値動きがその範囲に収まるようなアセットアロケーションを組む**のです。人によって、どの程度の損失に耐えられるかは変わりますからね。

許容できるリスクを
見極めるには？

 誰でも、損失はいやですよね……。

 そうですよね。許容できるリスクを見極めるのは難しいものです。銀行や証券会社では、「あなたは何％のリスクをとれますか」などと聞くのですが、あまりに漠然としすぎていて答えられる人はほぼいません。

ただし、それを金額ベースで考えると、想像しやすくなります。たとえば、日本株、世界株、国内債券、外国債券の組み合わせで運用をするとしましょう。このとき、過去20年の値動きを見て、同じ組み合わせの場合、どの程度のリターンとリスクがあったかを確認します。

 過去のデータを見るのですね。

 はい。たとえば、2008年のリーマンショックのときに、どのくらいの損失が出たかも確認できます。最大で35％のマイナスになっている場合を考えると、仮に1,000万円の運用をしていた場合、一時的

に350万円の評価損が発生することになります。

それに耐えられるかどうか、ということなので
しょうか？

その通りです。一時的とはいえ350万円の評価損失
には耐えられないと考えるのであれば、もっと損
失が少なくなるような配分を考えます。下がった
ときに売却してしまうと、その後に相場が戻って
も取り戻せなくなりますからね。

　また、積み立てを中止してしまった場合も同様、
安い局面での投資機会を失ってしまいます。

損失を小さくすると、リターンも小さくなります
か？

そうですね。評価損失の金額を下げるには、目標
リターンを下げなければなりません。仮に年平均
３％のリターンが期待できる資産の組み合わせに
すると、リーマンショック時の評価損が25％、250
万円まで下げられる提案ができるかもしれません。

　しかし、同じリスク（評価損）の金融商品でも
リターンが大きい金融商品も存在します。こう
いった投資商品の評価はシャープレシオやソル

ティノレシオといったもので評価したりします。
IFAはお客さまにとってゴールを確実に目指せる
金融商品を選定するために、いろいろな評価基準
に基づいてアドバイスしています。

図9 「シャープレシオ」と「ソルティノレシオ」とは？

リターンからリスクフリーレートを引いた数値をリスク(標準偏差)で割って求めた
運用効率を計る指標。
数値の大きいほうが運用の効率性が高いといわれる

$$\text{シャープレシオ} = \frac{\text{リターン} - \text{リスクフリーレート}}{\text{リスク}}$$

リターンからリスクフリーレートを引いた数値を下落リスク(下方偏差)で割って求めた
運用効率を計る指標。
数値の大きいほうが下落局面に強く効率性が高いといわれる

$$\text{ソルティノレシオ} = \frac{\text{リターン} - \text{リスクフリーレート}}{\text{下落リスク}}$$

POINT! **自分のリスク許容度を見極めて
期待リターンを調整する**

STEP 12

コア・サテライト戦略でリスクを抑えながらリターンを狙おう

 目標リターンを下げるとなると、ゴールを達成できないこともありますよね……。

 その場合は、ゴールを見直す必要があるかもしれませんね。あるいはコア・サテライト戦略を活用することもあります。

 コア・サテライト戦略とは？

 コア・サテライト戦略は、保有資産をコア（守り）とサテライト（攻め）に分けて、運用する方法です。**コアの部分はリスクを抑えて安定運用しつつ、サテライト部分ではリスクをとって高いリターンを目指す仕組みの運用方法**で、ポートフォリオを組む際に有効な考え方です。

　たとえば、コアに95％、サテライトに5％と決めて、サテライトでは大きなリターンが期待できる成長株や、成長株などの投資信託を買ったりするのです。

5%だけリスクの高いものを入れるのですね。

 これは一例ですが、個別株やインド株が大きく上昇すれば、資産全体のリターンを底上げすることもできます。

 そんな方法もあるのですね。やはり、独学じゃ難しいですね。

 本来は、そこまで考えないとお客さまに合う提案はできないはずなのです。

事前にリスクの大きさを 把握できる

 事前にどのくらいのリスクがあるか把握し覚悟できるのも、安心できますね。

 そうですね。たとえば、リーマンショックのときに350万円の評価損になったけれど、その後しばらくして回復し、最終的に年平均5％のリターンが確保できたことがわかっていれば、今後金融危機が起きたときにも慌てず冷静でいられます。

慌てて売ることもなくなりますね。

 とくに積立投資をしている場合は、下がったとき こそたくさん購入できるのでチャンスです。にも かかわらず、怖くなって積立投資をやめてしまう 最悪の選択をされる投資家は少なくありません。

 # ロボットアドバイザーは有効か

 ロボットアドバイザーなら、いくつかの質問に答 えると、AIがリスク許容度を判定して自動運用し てくれると聞いたことがありますが……。

 そうですね。金融機関でも、お客さまの適合性を 確認するために同じようなアンケートを行なって います。たとえば、「株に投資していますが、相場 が急落し、保有株の価格が30％下がりました。あ なたならどうしますか。３つの中から近いものを 選んでください」と。

　その選択肢は、１つ目が「下がってきたら買い 増しします」。２つ目は「下がっても、様子を見て ホールドします」。３つ目は、「怖いので売却しま

す」といった具合です。

　こうした質問をいくつかした結果、お客さまの運用スタイルが判定されます。ロボットアドバイザーも基本的には同じです。しかし、**10問程度の質問でお客さまのリスク許容度を正確に知ることはできません**。

「下がってきたら買い増しします」という項目にしても、これでその投資家はリスクがとれるほうだと判断することが果たして適切なのでしょうか？

　目標とするリターンは判断しやすいのですが、リスクを数値でイメージするのはなかなか難しいですね。

 どうすればいいのでしょうか？

 たとえば、日本の公的年金の資金を運用している**GPIF（年金積立金管理運用独立行政法人）は、どれくらいのリスクをとっているかを参考にする方法**もあります。

　公的年金の資金を大きく減らすことはできませんから、GPIFは安定的な収益が得られるような運用をしています。ポートフォリオはホームページに掲載されていますが、「長期的に積立金の実質的な運用利回り（積立金の運用利回りから名目賃金

上昇率を差し引いたもの）1.7％を最低限のリスク
で確保すること」を目指しています。日本の名目
賃金上昇率は変化しますが、直近の金利情勢では
イメージとして2〜3％程度のリターンを目指し
ていると考えてください。

　一方でリスクといえば、現在の投資配分は国内
債券25％、外国債券25％、国内株式25％、外国株
式25％の均等配分（2020年4月1日から適用）と
なっており、10〜30年で計算しますと、約10％程
度のリスクとなります。

GPIFのリスクとは？

 10%のリスクとはどれくらいなのでしょうか？

 2008年のリーマンショックのときには、現在と同
じ資産配分であればGPIFのポートフォリオは3割
ほどマイナスになります。しかし2008年の実際の
資産配分は国内債券67％、国内株式11％、外国債
券8％、外国株式9％であったため、実質的な運
用利回りはマイナス6.62％でした。さすが日本の
年金運用ですね。リーマン当時は7割が円債で

図10　年金積立金の運用実績

	名目運用利回り	名目賃金上昇率	実質的な運用利回り
2008年度	-6.86	-0.26	-6.62

第Ⅰ期中期目標期間(2006〜2009年度)におけるポートフォリオ

	国内債券	国内株式	外国債券	外国株式	短期資産
資産構成割合	67%	11%	8%	9%	5%
乖離許容幅	±8%	±6%	±5%	±5%	-

出典:GPIFのHPより抜粋

あったため損失はかなり少なかったと言えます。

 今のGIPFのポートフォリオと同じ資産配分であれば10%のリスク、リーマンクラスの暴落だと30%くらいのマイナスになる可能性があるのですね。

 そういうことになります。リーマンショックは100年に1度と言われた危機ですから、それほど頻繁には起こらないと思いますが、二度と起こらないとはいえません。そのときにGPIFの現在の資産配分であれば過去の実績ベースで30%ほどのマイナス(評価損)になる可能性があり、それに耐えられるかどうかです。

図11 投資の効果

期間：1990/01 ～ 2022/12

① 湾岸戦争 ② メキシコ通貨危機 ③ アジア通貨危機 ④ ロシアショック ⑤ ITバブル崩壊 ⑥ アメリカ同時多発テロ事件、エンロン破綻
⑦ ワールドコム破綻 ⑧ パリバショック ⑨ リーマン破綻 ⑩ ドバイショック ⑪ 欧州危機 ⑫ アベノミクス ⑬ FRBが量的緩和政策を終了
⑭ チャイナショック ⑮ Brexit（英国のEU離脱）決定 ⑯ COVID-19パンデミック宣言 ⑰ ロシアによるウクライナ侵攻

出典：楽天証券ファンドコンパスより抜粋

 100万円の資産が70万円に減るのは厳しいですけど、100年に1度のレベルなら仕方ないかもしれません。

 ただ、資産を売却し損失を確定しない限り、それは評価損です。リーマンショックは特別な危機といえますが、2002年には米国の大手通信業者であるワールドコムが破綻しました。このときは米国株が急落しましたが、現状のGPIFのポートフォリオでは10％程度のマイナスになっています。

 リーマンショックほどではないにしても、10％程度のマイナスは覚悟したほうがいいということで

すか？

 一時的とはいえ、最大で1割程度の下落の可能性
があると理解しておく必要があるでしょうね。そ
れに耐えられるのであれば、日本の年金運用であ
るGPIFと同じ資産構成での運用が可能になります。

> **POINT!** **資産の一部でリスクの高い運用をすれば**
> **リターンを底上げできる**

STEP 13

日本の年金運用のポートフォリオを参考にしてみよう

過去の危機を参考にすればいいのですね。

あくまで一つの方法としてですね。金融機関が利用しているアンケートでは、お客さまがどれくらいのリスクに耐えられるかは判断できませんので、私たちはお客さまと先ほどのような対話をしながら、リスクを整理して考え、提案します。

GPIFの資産配分よりも積極的な運用をしていたら、危機の際にはもっとマイナスになる可能性があるのですよね。

その通りです。GPIFは安全性を重視した運用をしていますが、仮にもっと積極型の運用をしていた場合には、リーマンショックの際に50%やそれ以上のマイナス（評価損）は覚悟する必要があります。つまり、一時的とはいえ、資産が半分程度になったイメージです。1,000万円であれば500万円まで、2,000万円であれば1,000万円程度の評価損を

覚悟する必要があるということです。

　ここで右往左往せず耐えることができれば、長期的にリターンを享受できる可能性はあるのですが、**恐怖に負けて資産運用をやめて売却してしまえば損失が確定します。そして積み立てを中止してしまえば、貴重な投資チャンスの喪失となり、資産が増える未来から遠ざかってしまいます。**

 GPIFのポートフォリオは各資産が25%ずつ運用ということですが、資産配分は意外と単純なのですね？

図12　GPIFの基本ポートフォリオ

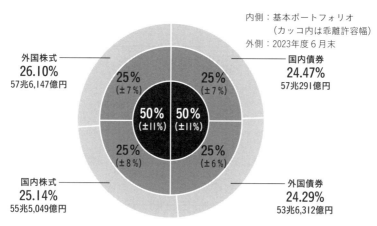

内側：基本ポートフォリオ
（カッコ内は乖離許容幅）
外側：2023年度6月末

外国株式
26.10%
57兆6,147億円

国内債券
24.47%
57兆291億円

国内株式
25.14%
55兆5,049億円

外国債券
24.29%
53兆6,312億円

25%
（±7%）

25%
（±7%）

50%
（±11%）

50%
（±11%）

25%
（±8%）

25%
（±6%）

出典：GPIFのHPより抜粋

たしかに今のGPIFの資産配分を見ると、国内株式、海外株式、国内債券、海外債券へ25％ずつになっていてとても単純ですが、さまざまな経済や金融の専門家が世界の経済情勢、企業業績などを調査・分析し見直しした結果ですから、安全運用の基本と考えていいでしょう。これをベースにご自身の資産配分を考えるのも、一つの方法ですね。

図13　第1期中期計画における基本ポートフォリオ

・第1期中期目標期間（2006〜2009年度）

	国内債券	国内株式	外国債券	外国株式	短期資産
資産構成割合	67％	11％	8％	9％	5％
乖離許容幅	±8％	±6％	±5％	±5％	−

・第2期中期目標期間（2010〜2014年度）上記と同じ配分
　2013年6月〜2014年10月

	国内債券	国内株式	外国債券	外国株式	短期資産
資産構成割合	60％	12％	11％	12％	5％
乖離許容幅	±8％	±6％	±5％	±5％	−

　2014年10月〜2015年3月

	国内債券	国内株式	外国債券	外国株式	短期資産
資産構成割合	35％	25％	15％	15％	25％
乖離許容幅	±10％	±9％	±4％	±4％	±8％

出典：GPIFのHPより抜粋

GPIFのリターンは34年で約2倍

 GPIFの運用では、どのくらいのリターンが得られているのですか？

 2001年から今までで2倍くらいになっていますね。

図14　2001年度以降の累積収益

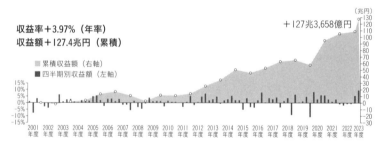

収益率＋3.97％（年率）
収益額＋127.4兆円（累積）

＋127兆3,658億円

■ 累積収益額（右軸）
■ 四半期別収益額（左軸）

(兆円)

	2023年度第1四半期	市場運用開始以降 （2001年度〜2023年度第1四半期）
収益率	＋9.94％（期間収益率）	＋3.97％（年率）
収益額	＋18兆9,834億円（期間収益額） うち、利子・配当収入は1兆3,591億円	＋127兆3,658億円（累積収益額） うち、利子・配当収入は48兆4,117億円
運用 資産額	219兆1,736億円（2023年度第1四半期末現在）	

出典：GPIFのHPより抜粋

50歳くらいまでに老後資金をできるだけ増やして
おきたいのですが、以降も資産運用は必要ですか？

 今は、定年退職後も働くのが普通ですから、65歳
まで働くなら、50歳から15年はあります。**今から
でも資産運用をすれば、目標（ゴール）設定した
リターンを目指すことはできます。**

 退職金を受け取ったら、それも運用したほうがい
いのでしょうか。

 そうですね。定年退職の段階で住宅ローンの支払
いが終わっているのであれば、退職金も運用して
老後資金を増やすのがいいでしょう。

　定年退職後に働く場合、現役時代よりも収入が
減ってしまいます。それだけで暮らしていくのは
難しいでしょう。たとえば、退職金を運用して安
定的なリターンを確保できれば、生活費の不足分
を賄うこともできますしね。

 資産運用に、年齢は関係ないのですね。

 年金で足りない分は資産を取り崩すことになり、
資産運用をしないと途中で資産が底をついてしま

う可能性があります。だから、60歳でも70歳でも資産運用が必要ないということはないのです。

年齢が高くなったら安全な運用をすることになりますか。

それは**年齢だけで判断するものではなく、ご本人がどれくらいリスクをとれるかによって変わります**。家族構成や資産状況、目標とするゴールによって大きく変わってきます。

金融危機が起きたとき、資産はどうなる？

リーマンショックのような危機の後に、相場が回復しない可能性はあるのでしょうか？

過去の経験、経済、株価の推移を見れば、世界経済は基本的に成長し続けるものと考えられます。危機が起きても、**これまでは必ず回復して現在に至っています**。

積極型のリスクが覚悟できる場合は、どの程度の

リターンを期待できるのでしょうか。

 ある程度のリスクをとれるのであれば、5〜6％程度のリターンまたはそれ以上を目指すポートフォリオを組むことは可能です。そのときに資産をどう組み合わせるか、さまざまな選択肢がありますので、お客さまに合った組み合わせを提案するのが、私たちの役割です。

　これがゴール設定がない提案だと、その商品がお客さまに合っているかどうかは関係なく、仕組債のような自社の売りたい商品を勧めてくる場合は問題だと思います。

 危機のときに慌てないことが大切なのですね。

 小さな金融危機、経済危機は何度も繰り返し起きますから、冷静に判断することが大事ですね。そのためには、危機が起きたときにはどうするか、事前に考えておくのがいいでしょう。

> **POINT!** **安定運用を目指すなら、GPIF の資産配分をベースに考えてもいい**

STEP 14
「信頼できるパートナー」の見極め方を知ろう

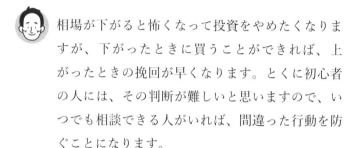

相場が下がると怖くなって投資をやめたくなりますが、下がったときに買うことができれば、上がったときの挽回が早くなります。とくに初心者の人には、その判断が難しいと思いますので、いつでも相談できる人がいれば、間違った行動を防ぐことになります。

正直、損をすると、もう見たくなくなります……。

一度、大きな損失を出した人の中には「二度と投資をしたくない」と考えている人も少なくありません。

銀行や証券会社でアドバイスを受けていて大きく下がった場合、どんなアドバイスが多いのでしょうか？

たとえば、証券会社の営業担当者であれば、変動商品に慣れていることもあり「すみません、下

がってしまいましたね」などと言いながら、別の商品に乗り換えさせようとする場合があります。「これはもう駄目だから、挽回が期待できる別の商品にしましょう」というわけです。すると、高くなったところで買って、下がったところで売ることを繰り返すことになります。これでは資産が増えるわけがありません。

　一方、銀行の場合は逆に変動商品に慣れていない担当者が多いため、「そのまま保有して様子を見ましょう」と提案されることが多いと聞きます。良心的な印象も受けますが、逆に提案を放棄しているともいえます。

それでは、うまくいかなそうですね……。

そうですね。だからこそ、私たちのような金融機関に属さないIFAがお役に立てるのだと思っています。

FPとIFAの違いとは

FP（ファイナンシャル・プランナー）という資格

も聞いたことがありますが、IFAとどう違うので
しょうか？

FPもライフプランシミュレーションや資産運用の
アドバイスはできますが、実は外務員資格を持っ
ていないため金融商品の販売はできません。また、
証券会社にはFA（ファイナンシャル・アドバイ
ザー）という肩書きの人もいますが、FAも金融機
関に属していますから、銀行や証券会社の営業担
当者に近い存在といえます。そして彼らには転勤
がありますから、担当者が替わってしまうと、一か
ら人間関係をつくらなければなりません。自分の
資産をつくるためのアドバイスを求めるのであれ
ば、基本、担当者は替えないほうがよいはずです。
　IFAの場合は、独立した立場でのアドバイスが
受けられますし、地元でずっと営業していますか
ら担当者が替わることもありません。安心してご
相談いただけるかと思います。

転勤がないのは安心ですね。

これは**「誰のお客さまなのか？」という話です。**
金融機関の場合、「会社のお客さま」という考え方
なので、担当者が転勤になれば、新しい担当者を会

社が任命することになります。会社としてはそれで問題ないという考え方です。

IFAの場合は、「担当者のお客さま」という考え方です。お客さまと担当者は常に同じ船に乗っています。自然とお客さまを第一に考えた提案になり、永い信頼関係を構築できます。

 それなら、寄り添ってもらえそうですね。

 実際、私たちは一生涯、お客さまに寄り添う覚悟でご提案をしています。

> POINT!
> **IFA は担当者の転勤がないので、安心して相談できる**

第 **2** 章

\\ IFAと始めよう! /

「逆算型資産運用」の
戦略を実践する

資産運用が重要なのはわかりましたが、
具体的には何から始めれば……?

まずは、「自分なりのゴール」を設定し
てみましょう。そのゴールから逆算すれ
ば、何をすべきかは自然と明らかになり
ますよ。本章では10のSTEPを通して、
資産運用の実践術を学んでいきましょう

資産運用の第一歩、
老後の必要資金を算出しよう

 具体的に資産運用を始めるときには、どうすれば
いいのですか？

 IFAの場合、まずはお客さまのゴールを確認させ
ていただきます。**この先の人生でどんなことを実
現したいか、どんな生活を送りたいかをイメージ
していただく**のです。

 それが資産運用に必要なのでしょうか？

 ゴールの設定がもっとも大事です。**人生でどんな
ことを実現したいかによって、必要な資金、運用
手法が変わる**からです。

 何をしたいかを考えて必要な資金を準備するので
すね。

 その通りです。

「老後の暮らし」を
具体的に思い描く

 老後にどんな暮らしをしたいかも重要になりそう
ですね。

 **とくに50代以上のお客さまにとっては、老後のラ
イフプランは重要**です。どんな暮らしをしたいか
によって、必要な老後資金は大きく変わってきます。

 とはいえ、まだ具体的にイメージが湧かないので
すが……。

 **まずは、今の生活にどのくらいの金額がかかって
いるかを確認してみる**といいでしょう。それを
ベースに老後の生活費を考えると、イメージしや
すくなります。

 年金をどれくらい受け取れるかも重要ですね。

 **ねんきん定期便を確認すると、将来受け取れる年
金額がおおよそわかりますよ。**毎年の誕生月に、
日本年金機構から送られてきます。

見た気もしますが、ほったらかしになっているかもしれません……。

 ねんきん定期便は、図15の通り、年齢によって送付される形式や記載内容が異なります。通常のねんきん定期便はハガキで届きますが、35歳、45歳、59歳の節目の年には封書が送られてきます。

 ハガキと封書では、どう違うのですか。

 ハガキのねんきん定期便には直近（13ヶ月）の月別の加入状況が、**封書の場合には全期間の月別の加入状況**が記載されています。

 封書のほうが詳しいデータが載っているのですね。

図15　年齢別のねんきん定期便の内容

区分		送付形式	内容	
毎年	50歳未満	ハガキ	直近13ヶ月の情報	これまでの加入実績に応じた年金額
	50歳以上			年金見込額
節目の年	35歳	封書	全期間の年金記録情報	これまでの加入実績に応じた年金額
	45歳			
	59歳			年金見込額

そうです。それに、50歳未満の人に届くねんきん定期便には、これまでの加入実績に応じた年金額が記載されていますが、50歳以上の人では、60歳まで今の働き方を続けた場合に受給が見込まれる年金額（見込額）の記載となります。

「どのくらいの年金額をもらえるか」を確認する

 50歳以上の場合は、ねんきん定期便の年金額をベースにして老後のプランを考えてもいいのでしょうか。

 そうですね。**給与の額が大幅に変わったり、途中で早期退職をしたりしない限りは、ねんきん定期便のおおよその年金額が受け取れる**と考えて大丈夫です。

 老後にかかる費用と受け取れる年金額がわかれば、毎月の収支がプラスなのかマイナスなのかがわかります。

　マイナスの場合には、貯蓄でそれが賄えるのかを計算します。**貯蓄を取り崩していった場合、資**

産が何歳までもつかが重要です。これを将来、受け取る退職金も含めて考えてみます。また、予期せぬ出費、たとえば病気になったり介護が必要になったりなど、そのようなリスクも考えておく必要があります。

 歳を取ってからお金がなくなったら、悲惨ですよね……。

 90歳くらいまで資産が長持ちするようであれば問題ありませんが、そうでなければ、資産運用で資産寿命を延ばす工夫をしなければなりません。

POINT! 「老後の暮らし」を具体的に描き、受け取れる年金額を把握する

投資商品の種類を知ろう・
その1

 資産運用を開始したいのですが、どんな商品があるのかよくわからなくて……。

 私たちがお手伝いするときには、お客さまがどれくらい金融商品の知識を持っているかによっても変わりますが、詳しくない場合、株式とは何か、債券とは何かなど、基本的なことを口座開設前にお客さまにレクチャーさせていただきます。

 実際に、どんな金融商品があるのでしょうか？

 多くの方が知っている金融商品といえば、まずは預金でしょう。お金を預けると、預けた期間に応じて金利がつきます。

　預金は銀行のほか、郵便局（ゆうちょ銀行）でも扱っています。郵便局は地方にもありますから、定期預金が貯蓄の基本的な商品といえるでしょう。

 けれど、今は定期預金ではお金はほとんど増えな

いのですよね……。

そうですね。今はほとんど金利がありませんが、**基本的に定期預金は期間が長いほど金利が高くなる仕組み**になっています。

　つまり、1年定期よりも、5年定期のほうが、金利が高いのが普通です。**預金のメリットは最初に約束された金利が受け取れること**です。

図16　定期預金の金利例

預入期間	スーパー定期	スーパー定期300	大口定期
	100万円以上	300万円以上	1,000万円以上
6ヶ月	0.04%	0.08%	0.08%
1年	0.21%	0.25%	0.25%
2年	0.06%	0.10%	0.10%
3年	0.24%	0.28%	0.28%
5年	0.29%	0.33%	0.33%
7年	0.45%	0.45%	0.45%

※オリックス銀行定期預金金利(2023年10月17日現在)

国債は、比較的安全性の
高い金融商品

 金利が高ければ、安心してお金が増やせますね。

 預金と同じように約束された金利を受け取ることができる商品が、国債です。国債は国が発行した債券で、保有期間中は定期的に利子を受け取ることができて、満期になると元本が返ってきます。

　途中で発行元が破綻してしまうと、お金が帰ってこないリスクもありますが、**国債は国が発行元ですから、破綻のリスクは極めて低い**といえます。

 日本が破綻したら、大変なことになりますね……。

 日本が破綻することは考えにくいですから、国債は安全性が高い金融商品といえますね。

　一方で、**企業が発行した債券を社債**といいます。個人でも投資が可能で、楽天証券やSBI証券などのネット証券でも扱っています。社債も国債と同様に発行元が破綻すると、利子が受け取れなかったり元本が戻ってこなくなったりする可能性があります。

図17 国債の種類

	個人向け国債			新窓販国債		
商品	変動10年	固定5年	固定3年	国債10年	国債5年	国債2年
回号	第163回債 （10月）	第151回債 （10月）	第161回債 （10月）	第372回債 （10月）	第162回債 （10月）	第453回債 （10月）
満期	10年	5年	3年	10年	5年	2年
金利タイプ	変動金利 （注1）	固定金利	固定金利	固定金利		
表面利率 （年）（注2） （税引き後）	0.51% （0.4063935%）	0.33% （0.2629605%）	0.09% （0.0717165%）	0.8% （0.637480%）	0.3% （0.239055%）	0.005% （0.003984%）
応募者利回り （注2） （税引き後）	–	–	–	0.725% （0.563%）	0.270% （0.209%）	0.010% （0.009%）

（注1）半年毎に適用する利率が変わります。
（注2）個人向け国債の応募者利回りは、表面利率と同じです。新窓販国債において法人が受け取る利子については、地方税を除いた15.315％分の税金が差し引かれます。
出典：財務省のHPより抜粋

 それなら、大企業なら安心でしょうか？

 国債と比較すると安全性は下がりますが、日本を代表するような大企業なら、比較的安心ですね。

POINT! **国債や社債などの債券は、あらかじめ決まった利率の利子を受け取れる**

STEP 17

投資商品の種類を知ろう・その2

 社債には、どんなメリットがあるのでしょうか?

 定期預金などと比較して利率が高いことですね。
たとえば、楽天が「モバイル債」という社債を発
行しましたが、期間が2年で利率は3.3%※でした。

※2023年発行　第22回無担保社債の金利

 楽天の業績はどうですか?

 決算発表の資料を確認すると、モバイル事業で先
行投資をしているため大きな借金を抱えていますね。
その面で信用度が下がっているため、利率が高く
なったのです。

 楽天が破綻すると思うなら、投資できませんね。

 そうですね。このケースでは期間が2年なので、
2年以内に破綻する可能性があるかどうかがポイ
ントになります。

2年であれば大丈夫そうな気もします。

米ドル建ての債券も人気

 外貨建ての債券は利率が高いと聞いたことがありますが……。

 たしかに、米ドル建ての債券なども人気です。ただ、**外貨建て債券の場合は、通常は外貨に両替して運用し、再び円に戻しますので、為替の変動の影響を受けます。**

利率は固定ですが、為替変動によって利益が得られる可能性もありますし、損失が出ることもあります。

 為替リスクがあるのですね。

 このように、**金融商品によってメリットとデメリットがありますから、それらを考え合わせて投資するかどうかを考えていくことが大事**です。

国債や社債はあらかじめ利率が決まっている代わりに、大きなリターンは狙えません。もう少し

大きなリターンを得たいと考えるのであれば、投資信託がその選択肢になります。

　投資信託にはさまざまな種類がありますが、たとえば、**株式と債券を組み合わせた商品であれば、株式に直接投資するよりもリスクを抑えながら、株式のリターンを狙うこともできます。**

場合によっては、大きく値下がりすることもあるのですよね？

投資した翌年にリーマンショックのような危機が発生すると、大きく値下がりする可能性はありますね。

　しかし、リーマンショックのような危機は100年に１度といわれるように、頻繁に起こるものではありません。ただ、**万が一同様の金融危機が起きたときを想定しながら投資することが大切**です。

そういった状況で、どの程度損失が出るかを想定しないと怖いですね。

そうですね。そのために私たちのようなIFAが必要になるのです。

　お医者さんが健康状態を問診してカルテに記録

するように、私たちもお客さまの状況をヒアリングしながら、個々のお客さまごとにどんな運用をすればベストかを判断します。

一人ひとりに合ったアドバイスをしていただけるということですね。

そうです。お客さまがどの程度のリスクを許容できるかを判断して、そのリスク量にあった商品をご提案する形です。

運用をお任せできる
サービスも

投資や金融商品のことはよくわからないので、できれば運用を全部お任せしたいのですが……。

投資で大切なのは、お客さまご自身が基本的な知識を持って最終判断をしていただくことです。

　たしかに、「全部お任せ」で運用できるサービスはあります。そういったサービスに投資する場合、IFAなどのアドバイザーが、それがお客さまに合ったサービスなのかどうかを判断させていただくこ

とが重要です。つまり、**「そのサービスがお客さまのゴール設定に適した運用なのか？」**を考えなければいけません。

それがわからないままお任せ運用サービスに投資して、仮に結果損失が出た場合、損失が出た理由もわからないままとなり、最終的にご自身の金融リテラシーは向上しません。

なるほど。資産運用をお任せできるサービスとは、どんなものがあるのですか？

たとえば、「投資一任サービス」といってファンドラップやSMA（セパレートリー・マネージド・アカウント）、ロボアドバイザーというサービスがあります。

ファンドラップとは、複数の投資信託を組み合わせて運用するサービスです。お客さまに金融知識や投資の経験がなくても、リスク許容度や運用の希望に合わせた投資信託の組み合わせで運用することが可能です。

預金はわかりやすいのですが、投資信託になると、いろいろな種類があってハードルが高くなるイメージがあります。**信頼できるパートナーがいた**

としても、ある程度は自分で学ぶ必要があるのですね。

 人生100年時代といわれる今は、80代になっても資産運用をしていく必要があります。そのためにはある程度の金融知識は必須ですし、投資をすることで世の中の変化もわかりますので、楽しい面もあります。IFAはそのためのサポートをするパートナーであり、アドバイザーであるとお考えください。

> **POINT!** 投資信託にはさまざまな商品があり、
> リスクを抑えた運用も可能

STEP 18

退職金活用の意義を知ろう

 退職金は、運用したほうがいいのでしょうか？

 会社員にとって、退職金をどう活用するかは、老後生活に大きく関わってきます。

　ちなみに、定年退職後の仕事はどうしようと考えていますか？

 同じ会社の再雇用で働こうと考えています。

 多くの人が定年退職後も再雇用や再就職で働いていますが、現役時代と比べて収入は大幅に減るのが一般的です。とすると、「退職金はできるだけ減らしたくない」と考えるものです。

 そうですね。運用するにしてもリスクの少ない方法でやりたいです。そもそも一般的に、退職金はどのくらいもらえるものなのですか？

 個人差はありますが、私たちのお客さまの場合は、

一般的に1,000万円から2,000万円程度、大企業で管理職になった人なら3,000万円から4,000万円といった方もいらっしゃいます。

 退職金を運用している人は多いのでしょうか？

 大半の方は、「預金に入れておいて、少しずつ取り崩して使っていこう」とまず考えるようです。ただし、使った分だけ減ってしまうことを心配している方は多いです。

 たしかに、残高が減っていくのは不安ですね……。

期待リターン10%なら マイナス70%の可能性も

 「退職金を安全に運用して、増えた分をお小遣いとして使いたい」と考えて相談に来る方も多いです。なかには、「退職金を3,000万円もらったから10%で運用して毎年300万円使えるといいね」という人もいるのですが、利回り10%というのは相当高い運用パフォーマンスで、それを実現するのはリスク量も増えてかなり大変です。そういった基本的

な知識がない方も多くおられます。

パフォーマンスが大きいと、リスクも大きくなるのでしょうか？

期待リターンを10％で運用した場合、リーマンショックのような危機が訪れると、50〜70％程度の評価損になる場合もあります。それを許容できる人は少ないと思います。

　たとえば野村アセットマネジメントのグローバル・バリュー・オープンという投資信託があるのですが、こちらは過去10年間の平均リターンは12.58％とかなり高いパフォーマンスの投資信託です※。しかし2008年のリーマンショック時には約12,000円の基準価格が約5,000円近くまで下落しました。その後順調に回復し、23年10月18日現在の基準価格は23,265円、分配金込みの価格は50,333円になっています。しかしリーマンショック時は大幅に下落してしまいましたので、それに耐えられるかどうかが重用なポイントです。

※期待リターンは本来「世界各国の人口動態や生産性、技術革新、景気サイクル、金融政策の見通しなど、多岐にわたる要因を考慮し分析し算出」されるものですが、今回は便宜上過去10年のパフォーマンスで代替しています

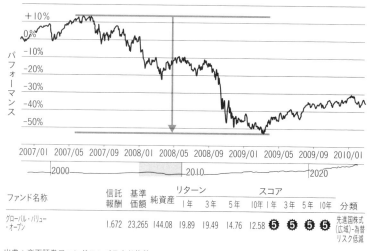

図18　グローバル・バリュー・オープンの
パフォーマンス例

出典：楽天証券ファンドコンパスより抜粋

ファンド名称	信託報酬	基準価額	純資産	リターン				スコア				分類
				1年	3年	5年	10年	1年	3年	5年	10年	
グローバル・バリュー・オープン	1.672	23,265	144.08	19.89	19.49	14.76	12.58	⑤	⑤	⑤	⑤	先進国株式(広域)-為替リスク低減

たしかに、元本が3割になってしまうのは避けたいですね……。

誰しもお金が減るのは不安ですから、**定年退職後もできるだけ長く働いて、その収入と年金で生活し、退職金は預金など安全と考えられる方法で運用をするケースが一般的**です。

預金以外でリスクが少ない運用の場合、どのくら

図19　年3%の期待リターンで運用する場合

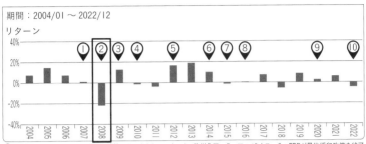

出典：楽天証券ファンドコンパスより抜粋

いのリターンが期待できますか？

仮に年３％の期待リターンで運用する場合でも、リーマンショックのような危機が起これば、20％程度の評価損（マイナス）になる可能性があります。そこまでではなくても、10年に１度程度、起こる可能性がある危機でも、10％程度の評価損（マイナス）になる可能性があります。それに耐えられる人は、期待リターン３％の運用が可能です。

リスク許容度に応じて
期待リターンを調整

 想定される評価損に耐えられない場合は、期待リターンを下げるのですか？

 仮に期待リターンを1%まで下げて運用すれば、危機の際の評価損（マイナス）もさらに抑えることができますよ。

 自分がどのくらいの評価損（マイナス）に耐えられるかで、期待リターンも変わってくるのですね。

 そうなのです。私たちではお客さまとコミュニケーションをとりながら、お客さまに合ったリスクとリターンを導き出します。金融機関へ行くと、アンケートから運用コースを決めたりしますが、そのようなアンケートだけでお客さまにピッタリの運用はできないと思います。

POINT!	**最適なリスクリターンバランスは人によって違う。それを見つけ出すのが大事**

STEP 19

退職金の運用方法を知ろう

退職金をもらったら、具体的にどう運用すればいいのでしょうか？

退職金の運用方法には、大きく分けて**一括投資**と**積立投資**があります。このうち**リスクが低くなるのは積立投資**です。

積立運用の場合は、定期的に同じ金額で買っていきます。そのため**投資信託の場合、相場が下がったときには、たくさんの口数が買える**ことになります。結果、保有できる口数が増えていきます。

また、相場が下がったときに「これ以上損する前に手放したい」などと、安値で売ってしまうなどの行動をとる方は非常に多いものです。どうしても感情に左右されてしまいがちですが、そうなると結果的にリターンを損ねてしまうケースが少なくありません。積立投資なら、そういったことを避けることができます。

相場が下がると積立運用には有利

 積立運用においては、相場が下がったほうが有利ということでしょうか？

 下がれば下がるほどたくさん買えますからね。仮に、図20のように１口10円の金融商品を毎月10,000円買い続けた場合、年間の購入額は120,000円になります。積立投資の場合は購入開始の１月から９月まで下落し、その後12月に価格が上昇するもの

図20　1口10円の金融商品を毎月10,000円買っていった場合

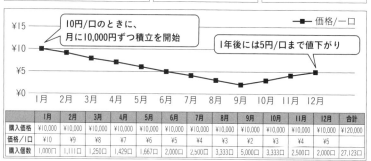

| 12月末時点の投資信託の価額
：5円/口×27,123口（総投資口数）
＝135,615円 | 12月末時点の投資総額
：10,000円/月×12ヶ月
＝120,000円 | 損益
：135,615円－120,000円
＝15,615円（利益） |

10円/口のときに、月に10,000円ずつ積立を開始

１年後には5円/口まで値下がり

価格/一口

	1月	2月	3月	4月	5月	6月	7月	8月	9月	10月	11月	12月	合計
購入価格	¥10,000	¥10,000	¥10,000	¥10,000	¥10,000	¥10,000	¥10,000	¥10,000	¥10,000	¥10,000	¥10,000	¥10,000	¥120,000
価格/1口	¥10	¥9	¥8	¥7	¥6	¥5	¥4	¥3	¥2	¥3	¥4	¥5	
購入個数	1,000口	1,111口	1,250口	1,429口	1,667口	2,000口	2,500口	3,333口	5,000口	3,333口	2,500口	2,000口	27,123口

出典：金融庁HPより抜粋

の、金融商品の価格が5円までしか戻らなかった
としても135,615円になっています。このシミュ
レーションでは購入時よりも相場が安いにもかか
わらず、利益が15,615円出ている計算になります。

 これなら、下がっても心配しなくてすみますね。

図21 積立投資なら安いときにたくさん買える

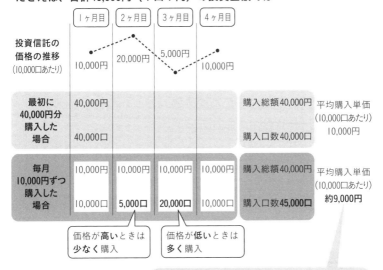

たとえば、合計40,000円（1口1円）の投資金額では……

	1ヶ月目	2ヶ月目	3ヶ月目	4ヶ月目		
投資信託の価格の推移 (10,000口あたり)	10,000円	20,000円	5,000円	10,000円		
最初に40,000円分購入した場合	40,000円				購入総額40,000円	平均購入単価(10,000口あたり) 10,000円
	40,000口				購入口数40,000口	
毎月10,000円ずつ購入した場合	10,000円	10,000円	10,000円	10,000円	購入総額40,000円	平均購入単価(10,000口あたり) 約9,000円
	10,000口	5,000口	20,000口	10,000口	購入口数45,000口	

価格が**高い**ときは**少なく**購入

価格が**低い**ときは**多く**購入

この例では、**毎月10,000円ずつ購入していた場合**のほうが、**平均購入単価を安く**することができた

出典：金融庁

これを「**ドルコスト平均法**」といいます。**退職金を積み立てで運用したほうが、プラスにはなりやすい**といえます。

 積立投資はメリットが多そうですが、一括投資にはメリットはないのですか？

 退職金の運用を始めてから、すぐに相場が右肩上がりで上昇を続けた場合には、一括投資したほうが利益は大きくなります。積立投資では、毎月少しずつの投資になるので、得られる利益も少なくなりますから。

　ただし、**いつ・どういったタイミングで投資を開始するかが大変難しい判断となりますし、短期的に相場が上がり続けるかどうかなど、金融のプロでもわからないのです。**

　また、**先ほどのシミュレーションのように1月に1口10円で投資したものが、12月に5円ならば投資金額は半分になってしまいますが、積立投資なら利益になる場合もあるため安心です。**

 素人にはそのタイミングなんてわかりませんし、プロでもわからないんですね。実際に上がり続けるかどうかは、判断できませんよね……。

そうですね。株式などに一括投資をするとリスクが大きくなってしまうと思います。

退職金は
ドルコスト平均法で運用

 基本は積立投資がいいのですね。

 退職金を受け取ると、銀行などの金融機関からさまざまな勧誘が来ますから、注意したほうがいいでしょう。私たちのお客さまの中にも、仕組債やお勧め投資信託の一括購入、不動産投資の勧誘を受けたという人がいます。**退職金を有効に運用するには、ドルコスト平均法の原理を利用するのが基本**です。

 運用をする必要がない人もいるのでしょうか？

 最近は、おひとりさまの方も増えてきました。子どもがいないと教育費もかからないので、現役時代に貯蓄ができます。そのうえで退職金をもらうと老後資金の心配はないので、そのようなケースでは「あえてリスクをとった運用をする必要がな

い」と考える方もおられます。

　ただし、そういった方でも預金という運用を通常はされていると思います。現在はインフレの波がグローバルで押し寄せてきており、加えて日本では現状得られる預金金利はゼロに近い状況です。ものの値段は上昇しているのに、預金しているお金はまったく増えないという状況なので、お金はどんどん目減りしているのです。

　そう考えますと、**最低でもインフレに対応できる程度の運用をすることをお勧め**します。

僕にできるのはできるだけ長く働くことですが、加えて何らかの運用は必要かもしれないですね。

そうですね。年金に労働による収入が加われば、老後の生活資金には余裕ができます。今は働き方の過渡期にあると思いますから、今後は60歳を超えてもさらに働きやすい環境になると思います。そこにプラスアルファで運用されてはいかがでしょうか？

POINT! **積立投資を利用すれば、相場が下がった場合でも慌てずに運用を継続できる**

STEP 20

資産運用の失敗例に学ぼう

 資産運用で成功するには、過去の失敗例に学ぶこ
とも必要です。

 どんな失敗例があるのでしょう？

 やってはいけない投資を挙げてみると、次のよう
なものがあります。

1	知識がない状況でリスクの高い仕組債や富裕層向け、プロ向けと言われる金融商品を購入
2	一攫千金的な運用（暗号資産などの運用、中には詐欺的なものも見られる）
3	退職金などまとまった資金が入った際、初めての運用での一括購入などの過剰なリスクテイク
4	知識のない状況でネット情報やYouTubeなどの情報で売れ筋ファンドなどを購入
5	金融機関から勧められる金融商品ばかり購入

 「富裕層向け」「プロ向け」といわれる金融商品は

概してリスク量が高く、リスクが見えにくい金融商品が多いものです。富裕層向けの商品といわれると、特別に有利なものと感じるかもしれませんが、そんなことはなく、堅実な資産運用には向いていないものも多いと思います。

　ときには一攫千金的な資産運用方法を紹介されることもありますが、そんなうまい話はないのです。

一攫千金を狙うのは
ギャンブルでしかない

 少し前に、ビットコインで大儲けした人の話や「億り人」の話などをネットで見たことがあります。利益の大きい一攫千金が狙える商品もあるのではないかと思ってしまいますが……。

 ギャンブルに近いものであれば、一攫千金を狙えるかもしれませんが、損をする確率も高いでしょう。そもそも詐欺の場合もありますので、耳を貸さないことです。

 たしかに、騙されそうで怖いです……。

会社員の場合、まとまった金額の退職金を受け取りますが、**これまで投資経験のなかった方がいきなり大きなリスクをとって運用するのは危険**です。

 先輩の話などを聞いていると、銀行から「一括で運用しませんか」といったセールスも来るようですが……。

 全額一括で銀行からのお勧めファンドを購入するなどは、絶対にやめたほうがいいですね。**ご自身に合ったリスク・リターンを考えて運用すべき**です。

　知識のないまま、ネット証券などでいきなり売れ筋ファンドなどを購入するのも、よくありません。それが自身に合ったものかどうかがわからず、ただ単にその証券会社で一番売れているというだけの話ですから。

 売れ筋ファンドは、みんなが買っているから安心という気がしてしまいますが……。

 「売れ筋」ですから売れていることはたしかですが、自分の目的に合ったファンドであるとは限りません。また、売れ筋ファンドは多くの人が買ってい

ますので、投資対象の株式などがその買いによっ
てすでに価格が上がってしまっている場合もあり、
高値で掴んでしまう恐れもあります。

買った途端に下がってしまうということですね。

その可能性もありますね。

お勧め商品は買ってはいけない

かといって、YouTubeや書籍などで「上がる銘柄、
儲かる銘柄」などと紹介されているものを買って
しまうのも問題です。彼らは再生数、登録者数を
上げることが目的で、億り人などの書籍は販売が
目的ですから、閲覧している投資家に合った内容
や銘柄であるとはいえません。

　また、資産全体のリスク・リターンをコント
ロールすることが重要で、金融機関から次々とお
勧めされた商品を買ってしまったり、ネット証券
の売れ筋ファンドばかりを購入してしまったりす
ると、理想的なポートフォリオとは大きく乖離^{かいり}し
てしまいます。結果、過度のリスクや偏ったリス

クのあるポートフォリオになってしまいます。

「億り人」といわれる人の書籍に書かれている手法を真似するのも、お勧めできません。そういった人はたまたま"運用がうまくいった"投資家であるか、特別なノウハウをお持ちの投資家と考えるべきですね。

億り人の真似をすれば、自分も億り人になれるのではないかと思ってしまいました……。

億り人が実践した方法は、その人だからできた手法だったかもしれませんが、万人ができるものでは通常ありません。 自分に合うかどうかはわかりません。それよりも、そんなうまい方法をわざわざ書籍にして多くの投資家に教えてあげる必要はないのです。YouTuberや億り人のゴールは閲覧者の運用パフォーマンスを上げることではありません。やはり自分のゴールを見定めて、そこから逆算して資産運用をすることが大事なのです。

> **POINT!** 退職金を一括投資して、
> 大切な老後資金を減らす人や
> 一攫千金狙いで失敗する人は多い

STEP 21

一攫千金を夢見た事例に学ぼう・その1

 一攫千金を狙う投資詐欺には、どういったものがあったのですか？　あまり身近に感じられないのですが……。

 古い話では、1985年の豊田商事事件などがありました。

 あ、知ってます。金の投資詐欺事件ですね。

 ## クーリングオフ制度制定につながった「ペーパー商法」とは？

 豊田商事事件とは、豊田商事は強引に金の取引を進めたうえ、現物は渡さず金の預かり証だけ渡すという"ペーパー商法"を行ない、2,000億円を集めた事件です。

 どんな人が被害に遭ったのでしょう？

被害者は、ほとんどがお年寄りや主婦だったのです。これも大きな話題となりました。

　金融商品に詳しくない高齢者の自宅を訪れて金を格安で購入できる契約を持ちかけ、実際には現物を渡さず証券（ペーパー）を発行したのですが、結局金は手元には渡らず、価値のない「金の証券」だけが手元に残ったのです。

　この一連の事件によってクーリングオフ制度などが制定されることになり、影響力の高い出来事だったといえます。

 あれも投資詐欺だったのですね……。

投資の世界には、 「一攫千金」の魔法は存在しない

 それ以外でも、経済革命倶楽部や安愚楽牧場、ジャパンライフ、オレンジ共済など、一攫千金を謳った事件は数え上げたらきりがないくらいあります。

　また、投資詐欺は個人だけでなく、日本の年金基金が騙されたAIJ投資顧問の年金消失事件や、米国ではナスダックの会長で米証券業協会（NASD）

の会長まで上り詰めた人物であるマドフが運用するファンドによる投資詐欺事件などもありました。

これらに共通するのは、**①一攫千金的なパフォーマンスである、②リスクがほぼないように見えるのに高いパフォーマンスであるなど、一般人からすればとても魅力的に思えること**です。投資の世界には魔法のような手法は存在しないのだと、しっかり学ぶことが重要ですね。

こういった投資詐欺のほとんどは**「ポンジスキーム」**と言われるもので、アメリカの詐欺師、チャールズ・ポンジがその名の由来です。彼は、「出資を募り、運用益を配当金として支払う」と言って資金を集め、実際は運用せず、新しい出資者からの出資金を配当金として支払いながら、破綻することを前提にお金を騙し取りました。

 そうなのですね……。勉強になりました。

 投資においては、「うまい話には裏がある」と心得よ

STEP 22

一攫千金を夢見た事例に
学ぼう・その2

 詐欺ではないにしても、問題になっている金融商品もありますよね。

 先に挙げた仕組債は、その 一例ですね。最近でいえば、クレディスイスのAT1債などがありました。古い話では、ワラントという金融商品も大きな問題になった過去があります。

金融機関が関わった
問題商品とは

 仕組債は、銀行や銀行の子会社が販売して問題になったものでしたね。

 そうです。仕組債が問題になったのは、**①リスクを十分に説明せずに販売していたこと、②適合性の原則（投資経験、年齢、資金属性、資金の余裕度など）を適正に順守していなかったこと**、など

に起因します。「適合性の原則」については、2章STEP24で説明しましょう。

　仕組債は、地銀のほか大手銀行や証券会社が取り扱い、損失を被った個人から多くの苦情が相次ぎました。**金融機関は通常、お客さまがきちんと商品内容とリスクをご理解していなければ、その商品は販売してはいけない**のです。そのことを理解されていない状況では、自己責任投資は成り立ちません。

 なんだか、難しそうな債券ですよね……。

 仕組債の場合は商品性が複雑で、お客さまだけでなく販売している営業担当者も、どこまで理解できているのかが疑問だと思っています。

　仕組債などの債券は、**デリバティブ**という複雑なものが内包されています。実はこれは、1998年に証券取引法第201条が改正されるまでは、賭博罪に該当する疑義があった商品なのです。

 そういった金融商品が一般の投資家にも販売されているのですか？

 私自身、それ自体は問題だとは考えていません。

仕組債をきちんと理解し購入したい投資家であれば問題はありません。ただし、そうではない一般投資家の場合は別です。仕組債は「手数料はかかりません」といったセールストークで販売されている場合もあるようですが、**手数料に該当するものはすでに販売時の債券価格に含まれています**。その手数料相当額は実に３〜７％程度であり、新発の仕組債を購入してすぐに売却すれば、３〜７％程度損失になる商品なのですね。

手数料に相当するものがそんなにとられているなんて、知りませんでした。

販売する証券会社も
実態を知らない驚愕の商品

最近ニュースになったAT1債はどうなのでしょうか？

AT1債は、クレディスイスが発行した債券ですね。クレディスイスはUBSに買収された際、株式は保全されたのに、債券であるAT1債がゼロになったということで問題になったものです。

販売総額は約2.3兆円にもなり、日本でも大手の証券会社が富裕層などに販売していました。

 この債券のどこが問題になったのでしょう?

 企業が破綻したり買収された際、ゼロになるのには順番があります。通常は株式、株式に近い債券（劣後債、AT1債などがあります）、そして債券という順番なのです。しかし、クレディスイスのAT1債の場合、「政府の特別な支援があった場合にはAT1債は完全に無価値になる」という条項があったのですが、これに対する投資家への説明がいっさいなかったようなんです。それどころか、債券の説明書などにも記載がなかったと言われています。そのため株式は保全されたのにAT1債は無価値になり問題になりました。

 そんな状態で、販売側はこの債券のことを理解していたのでしょうか?

 おそらく販売していた証券会社の営業担当者も知らなかった、もしくは理解できていなかったものと思われます。
　また、AT1債やCoCo債（Contingent convertible bonds／偶発転換社債）といった債券は、トリガー条

項というものが付いています。「通常株式等Teir1比率（CET1比率）」が5.125％または7％を下回ると、CoCo債の元本が削減されたり株式に転換されたりする場合が多いのですが、今回のクレディスイスのAT1債のトリガー条項には、CET1比率に加えViability Event（存続に関わるイベント）の記載があります。他の欧州系銀行のAT1債などと比べても特殊な債券です。

　仮に投資家が上記のような説明をされ、「この条項があるために、弁済順位は逆転する場合がある」、と理解できる人は、果たしてどのくらいいるのでしょうか。

すみません、難しくてついていけず、理解ができません……。

普通はそうです。それくらい債券といってもいろいろなものがあるので、基本的にはオーソドックスなものに投資し、ポートフォリオを組むことをお勧めします。

POINT! **自分が内容を理解できる商品に投資しよう**

「具体的にとれるリスク」を 考えよう

「リスク」という言葉はよく聞きますが、どう考えればいいのか、よくわかりません。「10%のリスク」などと言われても、正直な話、よくわからなくて……。

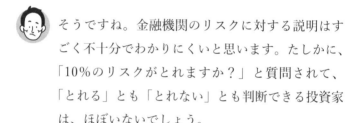
そうですね。金融機関のリスクに対する説明はすごく不十分でわかりにくいと思います。たしかに、「10%のリスクがとれますか？」と質問されて、「とれる」とも「とれない」とも判断できる投資家は、ほぼいないでしょう。

はい、そう思います……。

先ほどの金融庁のHPにある説明で見ますと、「日本株の期待リターンは5.6%、リスク（標準偏差）は約23%」という数値を使って具体的に説明がされています。

リスクは概念ではなく ビジュアルで理解する

 つまり、どういうことでしょうか？

 これは、「日本株の期待リターンは5.6%、リスク（標準偏差）は約23%」であれば、「1年間のリターンは期待リターン5.6%を中心にして、上下23%の間で変動する確率が約3分の2（約68%）である」ということを意味します。

言い換えれば、1年間のリターンがプラス5.6%からプラス28.6%の範囲に収まる確率が34%、プラス5.6%からマイナス17.4%の範囲に収まる確率が34%であると説明しています。

 まだ少しわかりにくいですね……。

 逆にいえば、毎年のリターンがマイナス17.4%より大きく下がる確率は約16%、プラス28.6%より大きく上がる確率も約16%となります。

さて、このように説明されていますが、「1年間のリターンがプラス5.6%からプラス28.6%の範囲に収まる確率は34%」とは、どう考えればいいと

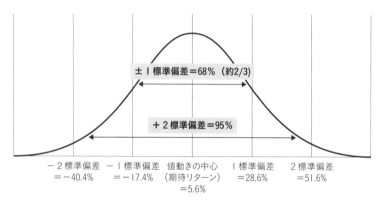

図22　日本株の値動きのイメージ

±１標準偏差＝68％（約2/3）

＋2標準偏差＝95％

| －２標準偏差
＝－40.4% | －１標準偏差
＝－17.4% | 値動きの中心
（期待リターン）
＝5.6% | １標準偏差
＝28.6% | ２標準偏差
＝51.6% |

(注) GPIFが2020年4月1日より適用した基本ポートフォリオを策定した際の日本株の期待リターンとリスク
　　(標準偏差)をもとに作成。期待リターンは名目賃金上昇率を加えた名目値。
出典：GPIFのHPより抜粋

思いますか？　わけがわからない人が大多数だと
思います。

はい、どう考えたらいいのかわかりません……。

たとえばGPIFと同じ資産配分の場合、仮にリーマ
ンショック並みの大暴落があった場合には、30％
強の評価損（マイナス）になる可能性があります。
日本株５％、外国株５％、日本債券50％、外国債
券40％であれば、15％程度の評価損（マイナス）
でした。

こう言われれば、「リーマンショック並みの出来事があっても、3割程度の評価損なら耐えられる」、あるいは「ちょっとリスクが大きいな」などと判断ができるのではないでしょうか？

図23　リスクとリターンの関係

GPIFと同じ資産配分の場合

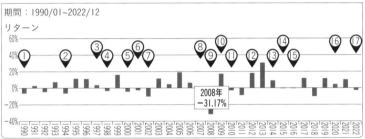

日本株5％、外国株5％、日本債券50％、外国債券40％の場合

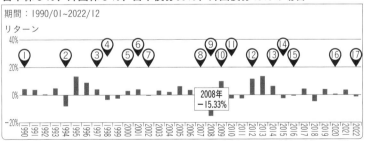

出典：楽天証券ファンドコンパスより抜粋

そう言われると、漠然としたリスクというものが、具体的でわかりやすくなったように感じます。

 リスクは非常にわかりにくい概念ですが、自分が腹落ちできるように落とし込んだ説明が必要です。私たちIFAは、お客さまをサポートするうえで、このような説明も行ない、リスクという漠然とした脅威を、なるべく具体的に理解できるようにしているのです。

 あと日本株や外国株などが、本当に先ほどのリスク（標準偏差）通りの分布になっているのでしょうか？

 図24は日経平均の長期データで、株価の前日比の変動をグラフにしたものです。棒グラフは株価の上昇・落率の回数（度数）で、実線が正規分布（標準偏差は正規分布の左右の広がり度合い）です。2つはほぼ同じ形状になっていることがわかります。ただ気を付けなければいけないことは、上昇下落ともに予期せぬ株価の値動きがあることです。1949年5月16日〜2023年10月19日の期間では、1日に上昇下落ともに5％以上変動した日はそれぞれ43回と52回もあるのです。リーマンショックや

図24　日経平均価格変動グラフと標準偏差

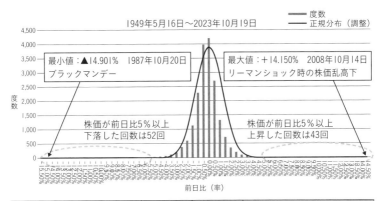

日経平均下落率下位10	日経平均	前日比（円）	前日比（率）	補足
1987年10月20日	21910.08	-3836.48	-14.901%	ブラックマンデー
2008年10月16日	8458.45	-1089.02	-11.406%	リーマンショック
2011年3月15日	8605.15	-1015.34	-10.554%	東日本大震災
1953年3月5日	340.41	-37.81	-9.997%	
2008年10月10日	8276.43	-881.06	-9.621%	リーマンショック
2008年10月24日	7649.08	-811.9	-9.596%	リーマンショック
2008年10月8日	9203.32	-952.58	-9.380%	リーマンショック
1970年4月30日	2114.32	-201.11	-8.686%	
1953年3月30日	318.96	-29.47	-8.458%	
1972年6月26日	3369.64	-293.52	-8.013%	

日経平均上昇率上位10	日経平均	前日比（円）	前日比（率）	補足
2008年10月14日	9447.57	1171.14	14.150%	リーマンショック時の乱高下
1990年10月2日	22898.41	2676.55	13.236%	G7による金融支援策
1949年12月15日	109.62	11.12	11.289%	
1950年7月17日	109.34	10.94	11.118%	
2008年10月30日	9029.76	817.86	9.959%	リーマンショック時の乱高下
1987年10月21日	23947.4	2037.32	9.299%	ブラックマンデー翌日の反発
2020年3月25日	19546.63	1454.28	8.038%	米国の大規模景気刺激策で最終合意
1997年11月17日	16283.32	1200.8	7.962%	拓銀倒産、株価乱高下
1994年1月31日	20229.12	1471.24	7.843%	細川内閣による景気浮揚期待
2008年10月29日	8211.9	589.98	7.741%	リーマンショック時の乱高下

出典：CSアセットが日経平均過去データより作成

東日本大震災、古いところではブラックマンデーなどによる大変動ですが、こういった予期せぬ下落時に運用パフォーマンスが一時的に大幅に悪化する場合があるため、事前にそれを考えてリスクに備え、資産運用をする必要があるのです。

POINT! **漠然とした「リスク」を、なるべく具体化したうえで投資を行なう**

「適合性の原則」と「フィデューシャリー・デューティ」を知ろう

 「適合性の原則」という言葉をよく聞きます。STEP22にもありましたが、もう少し具体的に教えてください。

 「適合性の原則」というのは、**「顧客の知識、経験、財産の状況、契約締結の目的に照らして不適当な勧誘を行ってはならない」**という原則のことです。投資家を保護するためのルールで、金融商品等の取引に当たってはこの原則を順守しなければならないとされています。

たとえば、**退職金の運用や年金受給者の運用に関してリスク性の高い商品は、勧誘してはならない**ということになります。

「適合性の原則」があるから安心?

 なるほど。金融機関はそれを基本に勧誘している

なら、安心ですね。

はい、その通りです。ただし、ここまでで述べた仕組債の販売などは、この「適合性の原則」を守っていなかったため、処罰されました。

　ただし私は、**「適合性の原則」を守っていればその範囲で金融商品をなんでも勧誘してもいいとは思っていません**。

それはなぜですか？

私たちは、お客さまのゴールに向かってどの金融商品が最善なのかを考えてご提案しています。つまり、**ゴールベースのアプローチ**です。だから**お客さまの目指すゴールに即していない金融商品は、いくら適合性の原則を順守していても、手数料が高いなど販売側のメリットが高くても、勧誘や提案をすべきでない**と考えています。あくまでお客さまのゴールに沿った金融商品を提案するべきなのです。

「適合性の原則」と投資家のゴールは、必ずしも一致しないものなのですね。

そういった意味では、私たちは「フィデューシャリー・デューティ（受託者責任）」をベースに商品提案などをしています。フィデューシャリー・デューティというのは、日本語では受託者責任に相当する言葉で**「その金融商品などが真にお客さまのためになるのか？」**ということを最重要な課題として考えて行動することです。

 それだと安心して提案を受けることができそうです。

 金融商品の販売に携わるすべての人が、このフィデューシャリー・デューティを備えていればいいのですが、残念ながらそうとは言いきれないのが実情です。そのため、投資家であるお客さま自身にも、販売サイドがフィデューシャリー・デューティを守っているかを見極める目が必要といえます。

POINT! **投資家自ら、販売側の真意や信念を見抜く必要がある**

第 **3** 章

\ IFAが教える! /
資産運用の実例に学ぶ

これまでの24のSTEPを通して、資産運用の基本と「逆算型＝ゴールベース」のアプローチの必要性がだんだんわかってきたかと思います。

本章では、資産運用の実際の例から、具体的な運用のポイントを解説していきましょう

※データはすべて2023年6月末時点

CASE 1

早い段階から老後に向けた
資産形成を実行したい

Aさんの場合（30代男性）

資産状況	1,000万円から2,000万円
職業	会社役員
家族構成	奥さま+お子さま1名
ゴール	早い段階から老後に備えての資産形成

Aさんはまだ30代ですから、年齢的にはある程度のリスクをとって、大きなリターンを狙うこともできます。どうしたいとお考えですか？

そうですね。リスクはある程度とってもいいので、高いパフォーマンスが欲しいですね。

リスクとリターンは
シャープレシオで判断

現在のポートフォリオを拝見すると、とられているリスクの割に、リターンが低いようです。

僕も何となくそう感じていましたが、リスクの割にパフォーマンスが低いというのは、どうやって判断するのですか？

 「シャープレシオ」という指標を聞いたことはありますか？

 聞いたことがあるような気はしますが……。

 シャープレシオは、**リスクをとって運用した結果、安全資産（リスクがゼロと仮定した資産）から得られる収益（リターン）をどのくらい上回ったのか、比較できるようにしたもの**です。たとえば、リスク1に対してリターン1であれば、計算式は次の通りです。

（ファンドの平均リターン－安全資産利子率）÷標準偏差

 つまり、安全資産利子率をゼロとしてリスクとリターンが同じであれば、シャープレシオは1になります。

 つまり、同じリターンの運用でも、とったリスクが小さければシャープレシオは大きくなるので優

秀ということでしょうか？

 そうです。**シャープレシオの数値が高いほど、運用の効率が高い**ということです。

 なるほど！

投資商品を分けるだけでは分散効果はない

 Aさんの現在のポートフォリオをチェックすると、2022年6月末時点で過去3年のリスクが22.20％であるのに対し、リターンは7.90％。リスクがリターンを大幅に上回っていることになります。この場合、安全資産利子率（リスク・フリー・レート）をゼロと仮定すると、シャープレシオは0.35となります。

シャープレシオは1を目標に考えればいいでしょう。Aさんの0.35は、かなり低いと思われます。

 せっかくリスクをとっているのに、それに見合ったリターンがないということですか？

残念ながら、そういうことになります。Aさんは今ロボット関連とサイバーセキュリティ関連の2本の投資信託を保有していますが、シャープレシオ以外にもう一つ、大きな問題点があります。

大きな問題点……?

それは、**資産をうまく分散できていない**という点です。分散投資はリスクを抑えるために有効なのですが、Aさんが保有している2本のファンドのリスクとリターンが似ているので、分散効果が低いのです。値動きもリスクも、大変似通ったものですね。

銘柄を分ければ分散投資になるわけではないのですね……。

はい、**複数のものを保有するだけでは分散しているとはいえません。どう分散するかが大事**です。

どのように改善すればいいのでしょうか?

まずは、分散とシャープレシオの改善が必要です。同程度のリターンでリスクの低いファンドへ入れ

図25　リスク・リターンはどう変わる？

	リスク	リターン
■ 現状投資信託ポートフォリオ	22.20%	7.90%
◆ ロボット・テクノロジー関連株ファンド	22.13%	9.94%
◆ サイバーセキュリティ株式オープン	24.62%	5.27%

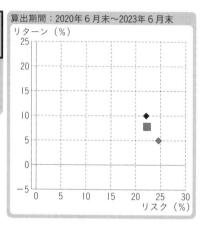

算出期間：2020年6月末〜2023年6月末

出典：楽天証券ASTRAより抜粋

	リスク	リターン
■ 現状投資信託ポートフォリオ	22.20%	7.90%
■ ご提案投資信託ポートフォリオ	14.52%	23.87%
◆ 明治安田セレクト日本株式ファンド	16.36%	27.02%
◆ アライアンス・バーンスタイン	17.91%	20.72%

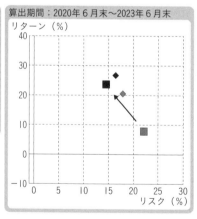

算出期間：2020年6月末〜2023年6月末

替えをお勧めします。

リターンが同じでも、ファンドによってリスク量
は変わるのですか？

そうです。入れ替えについて、Aさんはリスクが
とれるので株式中心にファンド選定し、米国と今
後成長が期待できる日本株ファンドを選ぶのがい
いと思います。

テーマ型ファンドが
よくない理由とは

どんなファンドがいいのですか？

Aさんが今保有しているファンドは、「テーマ型」
と呼ばれるものです。テーマ型というのは、AI、
ロボット、カーボンニュートラル、DXなど話題に
なっているテーマに注目して、関連銘柄に重点的
に投資するファンドです。

テーマ型はよくないのですか。

すべてのテーマ型ファンドがダメだという話ではありません。テーマに依存したファンドは、流行り廃りがあります。テーマが長期のテーマになる場合もありますが、短期的なテーマで終わってしまう場合も多くあり、そうなるとそのテーマは長い低迷期に入ってしまう可能性があります。

運用は長期で考えますので、テーマではなく市場全体の成長を享受できるファンドがいいですね。

図26　AさんのBefore/After

保有ファンド	口数	基準価格 (7月10日現在)	金額 (7月10日現在)	過去3年の リスクリターン
サイバーセキュリティ株式オープン（為替ヘッジあり）	1,782,623	18,809	3,352,936	
ロボットテクノロジー関連株ファンドロボテック（為替ヘッジなし）	3,178,422	13,600	4,322,654	22.2% 7.90%

入れ替えファンド	口数	基準価格 (7月10日現在)	金額 (7月10日現在)	過去3年の リスクリターン
アライアンス・バーンスタイン・米国成長株投信Bコース（為替ヘッジなし）	702,850	51,220	3,600,000	
明治安田セレクト日本株式ファンド初（はじめ）くん	1,746,386	20,614	3,600,000	14.52% 23.87%

図27　値動きはどう変わる？

算出期間：2020年6月末〜2023年6月末

凡例：
- 現状投資信託ポートフォリオ
- サイバーセキュリティ株式オープン
- ロボットテクノロジー関連株ファンドロボテック

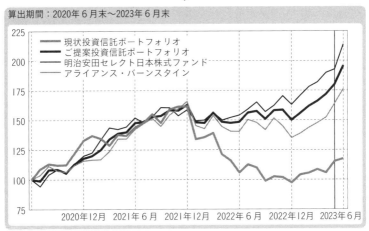

算出期間：2020年6月末〜2023年6月末

凡例：
- 現状投資信託ポートフォリオ
- ご提案投資信託ポートフォリオ
- 明治安田セレクト日本株式ファンド
- アライアンス・バーンスタイン

出典：楽天証券ASTRAより抜粋

テーマ型のほうがわかりやすくていいと思っていました……。

 そういう方は多いですね。たとえば、米国株ファンドと今後成長が期待できる日本株ファンドを組み合わせますと、過去３年のリスクは14.52％、リターンは23.87％、同じく安全資産利子率をゼロとすればシャープレシオは1.64に改善します。ただし、このシャープレシオは過去のデータで未来の運用を保証するものではありません。ただしこれまで運用がよかったものは今後も継続的に同程度の運用が期待できるのも事実ですので、過去のデータから最適なポートフォリオを構築する意味はあるのです。

CASE 2

おひとりさまの老後を想定し、十分な資金を用意したい

Bさんの場合（40代男性）

資産状況	5,000万円
職業	会社員
家族構成	独身
ゴール	ひとりで老後を迎えるための準備

Bさんは現在、3本のファンドで運用をされていますね。改善したい点はありますか？

悩みは、価格の変動が大きいことです。老後もひとりであることを考えると、もう少し安全に資産を築いていきたいのですが……。

テーマ性の高いファンドは長期運用に不向き

Bさんのポートフォリオのリスク・リターンを過去3年で見ると、リスクが23.54％、リターンが

18.44％で、リターンに対してリスクが若干大きくなっていますね。とくに問題はないように思えますが、改善の余地もあります。

リターンには満足しているので、リスクをもう少し抑えられるといいのですが……。

そうですね。まず、IPOやAIといった**テーマ性の高いファンドは、市場のブームの影響を受けやすいので、長期運用に向きません**。別のファンドに入れ替えたほうがいいでしょう。

　テーマ型がすべてダメだとは言いませんが、**その時々の人気ファンドや売れ筋ファンドなどで、「継続的な成長が期待できるのか？」「短命のテーマになるのか？」「長期のテーマになるのか？」は簡単にわかるものではありません**。外国株式と日本株を中心にして、米国ハイイールド債券を組み込んで分散効果を高め、全体の安定性を図るのがいいでしょう。

どんなファンドがいいのでしょうか？

「インベスコ 世界厳選株式オープン〈為替ヘッジなし〉（毎月決算型）（世界のベスト）」は長期投資

に向いていますので、そのまま保有を続けていい
と思います。米国株の比率を増やすのもいいかと
思いますので、グローバル・バリュー・オープン
を加えましょう。このファンドは世界の株式に分
散投資するものですが、米国株が65％程度含まれ
ており、「バリュー投資」を基本としていますので、
米国株の比率を高めることができます。

そうなのですね。「インベスコ 世界厳選株式オー
プン」も海外株式ですよね？

はい。「インベスコ 世界厳選株式オープン」は「成
長」＋「配当」＋「割安」の３つの観点に着目して
投資するファンドで、同じ海外株式でも特色に違い
があります。そこに日本株ファンドとして「One国
内株オープン（自由演技）」、米国ハイイールド債券
ファンドとして「フィデリティ・USハイ・イール
ド・ファンド（資産成長型）」を加えることで、過
去３年のリスクは11.80％まで下げることができます。

図28　BさんのBefore/After

保有ファンド	口数	基準価格	金額	過去3年の リスクリターン
インベスコ世界厳選株式オープン〈為替ヘッジなし〉(毎月決算型)(世界のベスト)	6,331,851	8,975	5,682,836	23.54% 18.44%
米国IPOニューステージ・ファンド〈為替ヘッジなし〉(資産成長型)	4,531,852	14,907	6,755,632	
グローバルAIファンド	2,581,733	35,523	9,171,090	

入れ替えファンド	口数	基準価格	金額	過去3年の リスクリターン
インベスコ世界厳選株式オープン〈為替ヘッジなし〉(毎月決算型)(世界のベスト)	6,331,851	8,975	5,682,836	11.80% 18.83%
グローバル・バリュー・オープン	572,940	22,690	1,300,000	
One国内株オープン(自由演技)	2,023,381	35,584	7,200,000	
フィデリティ・USハイ・イールド・ファンド(資産成長型)	3,717,664	19,367	7,200,000	

リターンを下げずに リスクだけ下げるには？

 リスクを下げられるのはうれしいですが、リターンも下がるのでしょうか？

 リターンは18.83％ですから、Bさんの現在のポートフォリオとほぼ変わりません。

 ファンドの組み合わせによって、リスクだけを下げることができるのですね。

 現在のBさんのポートフォリオは、リスクがリターンに比べて若干高めですので、リターンはそのままでリスクを半分程度に下げることが可能です。これで価格変動を抑えることができるでしょう。
　結果、３年のシャープレシオは0.78から1.60へ改善することができます。

図29　リスク・リターンと値動きはどう変わる？

	リスク	リターン
■ 現状投資信託ポートフォリオ	23.54%	18.44%
◆ グローバルAIファンド	28.86%	23.09%
◆ 米国IPOニューステージ・ファンド	28.80%	7.33%
◇ インベスコ 世界厳選株式オープン	17.04%	24.15%

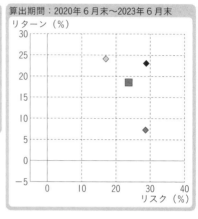

算出期間：2020年6月末〜2023年6月末

	リスク	リターン
■ 現状投資信託ポートフォリオ	23.54%	18.44%
■ ご提案投資信託ポートフォリオ	11.80%	18.83%
◆ フィデリティ・USハイ・イールド・ファンド	8.67%	14.46%
◆ One国内株オープン（自由演技）	14.89%	18.49%
◇ グローバル・バリュー・オープン	13.73%	21.61%
◇ インベスコ 世界厳選株式オープン	17.04%	24.15%

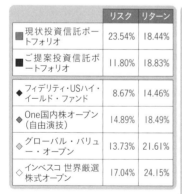

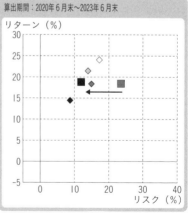

算出期間：2020年6月末〜2023年6月末

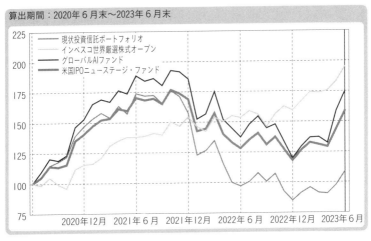

算出期間：2020年6月末～2023年6月末

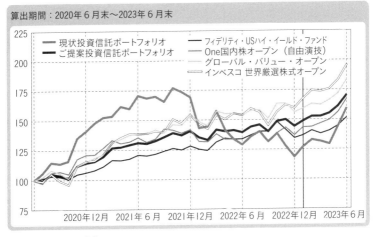

算出期間：2020年6月末～2023年6月末

※楽天証券ASTRAより抜粋

CASE 3

定年後の生活を見据え、
リスクを抑えて老後資金を賄いたい

Cさんの場合（50代女性）

資産状況	1億から2億円（相続財産を含む）
職業	看護師
家族構成	ご主人は他界、子どもはすでに成人
ゴール	**数年で定年を迎えるため、必要以上のリスクを避け、取り崩しながら生活にあてたい**

Cさんは、現在の資産運用に不満や心配はありますか？

実は、現状の運用はうまくいっていると思いますので、特段、不満や心配はありません。ただ、プロに相談すれば、もっと効率的な資産運用ができるのではないか……と考えています。

たしかに、ポートフォリオを拝見すると、リスク・リターンのバランスはある程度、とれていると思います。

ありがとうございます。

商品の入れ替えで
リターンを高める

 他に改善したい点はありますか？

 米国のリートファンドを保有しているのですが、米国の不動産市況がよくありませんし、目先も価格が下がるのではないかと思っているので売却をしようかと考えています。

 なるほど。それ以外ではビッグデータ関連のテーマ型ファンドも持っていらっしゃいますが、テーマ性の高いファンドは市場のブームの影響を受けやすいので、これも乗り換えたほうがいいかもしれませんね。

 キャピタル世界株式ファンドはどうでしょうか？

 過去３年のリターンを見ると、20％以上ありますからそのまま保有継続でもいいと思いますが、あえて別のファンドを選定するのであれば、過去の

図30　現状のポートフォリオの値動きは？

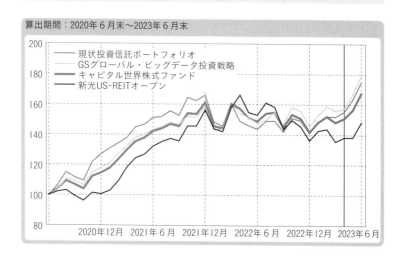

算出期間：2020年6月末〜2023年6月末

- 現状投資信託ポートフォリオ
- GSグローバル・ビッグデータ投資戦略
- キャピタル世界株式ファンド
- 新光US-REITオープン

実績から見てさらにリターンが高く、リスクの低い「グローバル・バリュー・オープン」に乗り換えてもいいと思います。

　3本とも見直しになりそうですね。

　そうですね。**全体をリバランスで見直して、リスクを下げつつ高パフォーマンスが期待できるポートフォリオに変更するのがベスト**だと思います。

コア・サテライトで
リターンを向上させる

 どんな資産配分になるのでしょうか？

 グローバルアロケーションをコアにし、サテライトとして米国、日本株を組み込んでみましょう。全体のパフォーマンスアップを狙うのです。

 これで持っているものが、よりよくなるのでしょうか？

 組み換え後のリターンは16.05％で、リスクは11.57％です。リターンは若干落ちますが、リスクを抑えることができます。

組み替え前のポートフォリオのシャープレシオも、1.19でとてもいいものでした。組み替えをすることで1.39となり、さらにリスク量は3年の標準偏差で15.64％から11.57％と、大幅に低下させることができます。

 「標準偏差」とはなんですか？

図31　日本株の値動きのイメージ

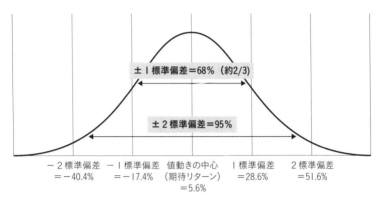

±１標準偏差＝68%（約2/3）

±２標準偏差＝95%

| −２標準偏差
＝−40.4% | −１標準偏差
＝−17.4% | 値動きの中心
（期待リターン）
＝5.6% | １標準偏差
＝28.6% | 2標準偏差
＝51.6% |

出典：GPIFのHPより抜粋

標準偏差とは、資産運用におけるリスクのことで、リターンの分布の広がりがどの程度の大きさかを表す指標です。つまり、**1年間のリターンがどれくらいブレそうかを示そうとするもの**です。

　株式など有価証券のリターンの分布は、統計学で用いられる正規分布の形状に似ています。図31はSTEP23でも挙げた図ですが、正規分布は、左右対称の釣鐘型の形をしています。各資産のリターンが正規分布に従うなら、リターンは68%の確率で中心から±1標準偏差に収まり、95%の確率で±2標準偏差に収まることが想定されます。要するに株などの資産の価格のブレだとお考えください（詳しくはSTEP23を参照）。

図32　リスク・リターンはどう変わる？

	リスク	リターン
■ 現状投資信託ポートフォリオ	15.63%	18.62%
◆ 新光 US-REIT オープン	17.80%	14.83%
◆ キャピタル世界株式ファンド	16.73%	20.19%
◇ GS グローバル・ビッグデータ投資戦略	15.74%	20.92%

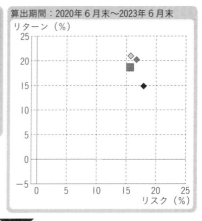

	リスク	リターン
■ 現状投資信託ポートフォリオ	15.63%	18.62%
■ ご提案投資信託ポートフォリオ	11.57%	16.05%
◆ グローバル・アロケーション・オープンAコース	11.29%	14.45%
◆ グローバル・バリュー・オープン	13.73%	21.61%
◇ One国内株オープン（自由演技）	14.89%	18.49%

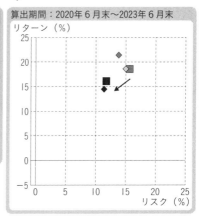

出典：楽天証券ASTRAより抜粋

図33 CさんのBefore/After

保有ファンド	口数	基準価格	金額	過去3年のリスクリターン
新光US-REITオープン(毎月決算型)	64,061,167	1,859	11,908,971	
GSグローバル・ビッグデータ投資戦略Bコース(為替ヘッジなし)	5,871,059	19,662	11,543,676	15.63% 18.62%
キャピタル世界株式ファンド	4,984,046	23,831	11,877,480	

入れ替えファンド	口数	基準価格	金額	過去3年のリスクリターン
グローバル・アロケーション・オープンAコース(年1回決算・為替ヘッジなし)	6,331,851	19,670	25,000,000	
グローバル・バリュー・オープン	2,203,614	22,690	5,000,000	11.57% 16.05%
One国内株オープン(自由演技)	1,405,126	35,584	5,000,000	

資産運用のポートフォリオは、一人ひとりのゴールから逆算して考えるのが基本ですが、平均寿命まで長生きすることを前提とすれば、現在の年齢によって参考となるポートフォリオはあります。

本書では、年齢別の参考ポートフォリオを紹介していますので、現在の年齢に該当するポートフォリオをベースにして資産運用を考えてみるのもいいでしょう。

CASE 4

老後に突入したから、リスクを抑えて とにかく安全な資産運用がしたい

 ## Dさんの場合（60代男性）

資産状況	5,000万から1億円
職業	定年退職
家族構成	奥さま（子どもはすでに成人して他県在住）
ゴール	**運用しながら生活資金としての取り崩しもしたい**

 Dさんは、資産運用にどんな希望がありますか？

 60代に突入しましたので、これからの生活のために は資産運用をしたいと考えているのですが、や はりリスクが怖いですね……。リスクはできる限 りとりたくないので、多少リターンは下がっても 仕方ないかと考えています。

 人生100年時代といわれるいまは、生涯、資産運用 が必要だと思いますが、たしかに年齢とともにリ スクは下げたほうが安心ですね。

資産への分散投資で 安定リターンを狙う

 現在はリートファンドと米国高配当株ファンドで運用していますが、どうでしょうか？

 リートと米国株での運用ですので、少しリスクをとりすぎている印象を受けます。それでは、コア・サテライト戦略で資産全体の見直しを考えましょう。コアの部分はリスクを抑えて安定運用をしながら、サテライト部分で高いリターンを狙い、全体のパフォーマンスを確保する戦略です。

 どんなファンドを選べばいいのでしょうか？

 資産全体の85％ほどをコア部分として積み立て、「4資産均等バランスファンド」で運用します。このファンドは国内株式、先進国株式、国内債券、先進国債券にそれぞれ25％ずつ資産配分をするファンドで、リスクを抑えることができます。

 資産配分25％ずつというのは、安全なのでしょうか？

図34 DさんのBefore/After

保有ファンド	口数	基準価格	金額	過去3年のリスクリターン
J-REIT・リサーチ・オープン（毎月決算型）	5,487,293	5,747	3,153,547	12.28% 15.85%
フランクリン・テンプルトン・アメリカ高配当株ファンド（毎月分配型）	2,665,327	12,082	3,220,248	

入れ替えファンド	口数	基準価格	金額	過去3年のリスクリターン
つみたて4資産均等バランス	3,666,044	14,457	5,300,000	8.8% 12.73%
グローバル・バリュー・オープン	220,361	22,690	500,000	
明治安田セレクト日本株式ファンド初（はじめ）くん	242,554	20,614	500,000	

この割合は、GPIFと同じ資産配分です※。日本の公的年金運用と同じ資産配分というのは、安心感があるのではないでしょうか。

※2020年4月1日より25%ずつの運用比率を適用

なるほど。たしかにそうですね。

残りの約15%はサテライト部分として、「グローバル・バリュー・オープン」と「明治安田セレクト日本株式ファンド初（はじめ）くん」でリスクを

とりながら、リターンを狙うといいでしょう。

　組み替え前のポートフォリオのシャープレシオは1.29と良好なものでしたが、組み替えを実施することで1.45となり、さらにリスク量は3年の標準偏差で12.28%から8.8%と、ご希望通り大幅に下げることができます。

リスクをここまで下げられるというのは、驚きました。この先何が起こるかわかりませんが、これなら安心して資産運用を続けられそうです。

図35　リスク・リターンはどう変わる？

	リスク	リターン
■ 現状投資信託ポートフォリオ	12.28%	15.85%
◆ フランクリン・テンプルトン・アメリカ高配当株ファンド	14.90%	23.50%
◆ J-REIT・リサーチ・オープン	11.81%	8.03%

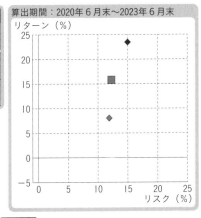

算出期間：2020年6月末〜2023年6月末

	リスク	リターン
■ 現状投資信託ポートフォリオ	12.28%	15.85%
■ ご提案投資信託ポートフォリオ	8.80%	12.73%
◆ つみたて4資産均等バランス	8.03%	10.55%
◆ グローバル・バリュー・オープン	13.73%	21.61%
◇ 明治安田セレクト日本株式ファンド初くん	16.36%	27.02%

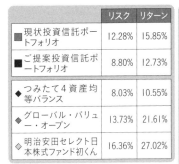
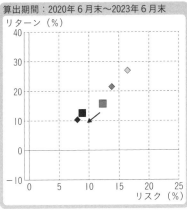

算出期間：2020年6月末〜2023年6月末

図36　値動きはどう変わる？

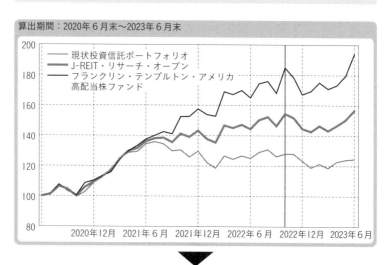

算出期間：2020年6月末〜2023年6月末

凡例：
- 現状投資信託ポートフォリオ
- J-REIT・リサーチ・オープン
- フランクリン・テンプルトン・アメリカ高配当株ファンド

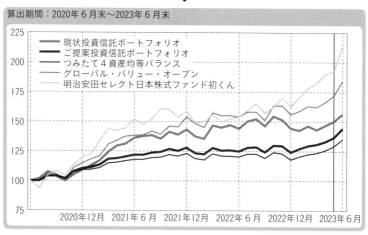

算出期間：2020年6月末〜2023年6月末

凡例：
- 現状投資信託ポートフォリオ
- ご提案投資信託ポートフォリオ
- つみたて4資産均等バランス
- グローバル・バリュー・オープン
- 明治安田セレクト日本株式ファンド初くん

出典：楽天証券ASTRAより抜粋

168

おわりに

　当社の社名であるCSは、顧客満足 CS（Customer Satisfaction）に由来します。私たちは顧客重視を基本とした資産形成のアドバイザー企業を目指し2012年11月に創業しました。当時はIFAの認知度がまだ低く、役割や意義をお客さまに理解していただくのは至難の業でした。

　しかし、銀行や証券会社などの金融機関は、お客さまに最適な資産運用サービスを提供しているとは言えません。「その役割を担えるのはIFAしかない」との強い信念の下、当社の考え方を少しずつ広めていきました。その結果、今では全国で5,000人以上（2024年1月現在）のお客さまのサポートをさせていただいています。志を同じくするIFAも集まり、200名を超えました。創業当時に思い描いていた以上のスピードで拡大しています。

　その背景の一つには、お客さまの老後不安があると感じています。資産運用が必要であることは頭で理解できても、なかなか踏み出せない人が多くいます。あるいは、自己流で資産運用をしているものの、成果が出せない人も少なくありません。

　IFAは、銀行や証券会社の営業マンのような「金融機関の代理人」ではありません。金融機関の営業マンは、会社

の都合で新商品やキャンペーン商品を売ろうとします。IFAは、「お客さまの代理人」として、運用プランをご提案します。一人ひとりに合わせた、オーダーメイドの資産運用サービスを提供しているのです。

　私たちは、お客さまのゴールを明確に理解して、そこに到達するための長期のプランを立てます。つまり、ゴールから逆算して、今、どんな運用をすればいいのかをご提案します。そのため、投資を始めてすぐに大きな利益が出るわけではありませんが、長く安心して資産運用を続けることができますし、確実にゴールに近づいていきます。

　お客さまの中には、オーダーメイドの資産運用なら「すごく儲かるはずだ」とのイメージを持つ人も少なくありません。しかし、それは勘違いです。

　逆に銀行や証券会社の営業マンは、「儲けたい」という心理を利用しています。大きく儲かるような匂いを出して、買う気にさせるのです。

　SNSなどを見ていると、億り人の自慢話やFIREの方法などが溢れていますから、「大儲けできる」との夢を見てしまうのもわかります。しかし、お金を増やすのは手段であって、目的ではありません。その点を冷静に判断することが大事なのです。

　ところが、金融機関の営業マンが「儲けたい」という心理を煽るので、手段が目的に置き換わってしまいます。お

客さまがゴールへの道を外れそうになったときに、軌道修正するのも私たちIFAの仕事です。ゴールに到達するためには、お客さま自身の金融リテラシーを高めていただく必要があります。最近は、大人になる前に金融リテラシーを高めてもらおうとの試みも始まっています。

　当社のアドバイザーも、名古屋市の高校の家庭科の授業で金融のお話をさせていただく機会が増えました。先生方のお話をうかがうと、高校生の間でもビットコインやFXなどの話題が広がっていて、すぐにお金が儲かるようなイメージを持っている生徒も多いといいます。そのまま大学生や社会人になってしまうと、詐欺に遭ってしまうこともあります。

　たとえば、クレジットカードをつくって、キャッシングでお金を引き出して入金するように指示されるような事件も起きています。

　私たちからすれば、そんな話は聞いただけで詐欺だとわかりますが、若い人は判断ができません。だからこそ、高校生のうちから、金融リテラシーを高めて、詐欺に騙されないようにしてほしいと、先生方も感じているようです。

　こうした活動によって、日本人の金融リテラシーも少しずつ高まっていくでしょうが、すでに大人になってしまった人は金融教育を受ける機会がありません。IFAにご相談

いただければ、実際の資産運用を通じて、金融リテラシーを高めることもできます。

　本書を通じてそのことを知っていただき、資産運用を成功させるヒントを得ていただければ、著者としてうれしい限りです。

2024年1月　山田勝己

［著者略歴］

山田勝己（やまだ・かつみ）

CSアセット株式会社代表取締役会長
アフィリエイテッド・ファイナンシャル・プランナー（日本ファイナンシャルプランナー協会認定）、NTAA認定 テクニカルアナリスト。
1989年に愛知県名古屋市の地場証券会社に入社。名古屋市南部を中心にリテールを14年経験し、営業成績が評価されプライベートバンク部立ち上げの陣頭指揮を執り、富裕層を中心としたコンサルティング営業を3年経験。キャリアアップのため準大手証券等2社にて関西以西の地域で営業を経験。計3社で証券会社の営業を経験するも共通するプロダクトプッシュ的な営業に疑問を持ち、2012年、顧客重視を基本とした資産形成のアドバイザー企業を目指し、IFA（金融商品仲介業者）法人であるCSアセット株式会社を創立。現在、名古屋を拠点に札幌から鹿児島まで19の支店を持ち、所属するIFAは240名（2024年1月時点）。

［監修者略歴］

作本 覚（さくもと・さとる）

IRアドバイザー
野村證券、CSファースト・ボストン証券、バークレイズ・キャピタル証券など複数の金融機関にて、主として個人投資家から機関投資家までを対象にしたマーケティング業務に従事。現在は独立し上場準備会社のサポートと上場企業のIRアドバイザー業務を実施。

40代からの「逆算型資産運用」の教科書

2024年2月1日　初版発行

著　者　　　山田勝己
監修者　　　作本 覚

発行者　　　小早川幸一郎

発　行　　　**株式会社クロスメディア・パブリッシング**
　　　　　　〒151-0051 東京都渋谷区千駄ヶ谷4-20-3 東栄神宮外苑ビル
　　　　　　https://www.cm-publishing.co.jp
　　　　　　◎本の内容に関するお問い合わせ先：TEL（03）5413-3140／FAX（03）5413-3141

発　売　　　**株式会社インプレス**
　　　　　　〒101-0051 東京都千代田区神田神保町一丁目105番地
　　　　　　◎乱丁本・落丁本などのお問い合わせ先：FAX（03）6837-5023
　　　　　　service@impress.co.jp
　　　　　　※古書店で購入されたものについてはお取り替えできません

印刷・製本　　**株式会社シナノ**